Em nome do Amor

A mediunidade com Jesus

Divaldo Pereira Franco
Pelo Espírito Bezerra de Menezes

Em nome do Amor

A mediunidade com Jesus

Organização

Antonio Cesar Perri de Carvalho
Geraldo Campetti Sobrinho
Marta Antunes de Oliveira de Moura

FEB

Copyright © 2012 *by*
FEDERAÇÃO ESPÍRITA BRASILEIRA – FEB

2ª edição – Impressão pequenas tiragens – 6/2024

ISBN 978-85-7328-791-2

Todos os direitos reservados. Nenhuma parte desta publicação pode ser reproduzida, armazenada ou transmitida, total ou parcialmente, por quaisquer métodos ou processos, sem autorização do detentor do *copyright*.

FEDERAÇÃO ESPÍRITA BRASILEIRA – FEB
SGAN 603 – Conjunto F – Avenida L2 Norte
70830-106 – Brasília (DF) – Brasil
www.febeditora.com.br
editorial@febnet.org.br
+55 61 2101 6161

Pedidos de livros à FEB
Comercial
Tel.: (61) 2101 6161 – comercial@febnet.org.br

Adquirindo esta obra, você está colaborando com as ações de assistência e promoção social da FEB e com o Movimento Espírita na divulgação do Evangelho de Jesus à luz do Espiritismo.

Dados Internacionais de Catalogação na Publicação (CIP)
(Federação Espírita Brasileira – Biblioteca de Obras Raras)

M543n   Menezes, Bezerra de (Espírito)

Em nome do amor: a mediunidade com Jesus / pelo Espírito Bezerra de Menezes; [psicografado por] Divaldo Pereira Franco; organizado por Antonio Cesar Perri de Carvalho; Marta Antunes de Oliveira de Moura; Geraldo Campetti Sobrinho. – 2. ed. – Impressão pequenas tiragens – FEB, 2024.

280 p.; 23 cm

ISBN 978-85-7328-791-2

1. Espiritismo. 2. Mediunidade. 3. Entrevistas. 4. Mensagens. I. Federação Espírita Brasileira. II. Franco, Divaldo Pereira, 1927-. III. Carvalho, Antonio Cesar Perri de. IV. Moura, Marta Antunes de Oliveira de. V. Campetti Sobrinho, Geraldo, 1966-. VI. Título.

CDD 030
CDU 030
CDE 30.03.00

SUMÁRIO

APRESENTAÇÃO 9

1 PRIMEIRA PARTE – Palavras proferidas pelo médium Divaldo Pereira Franco 13

    1.1 A prática mediúnica 15

2 SEGUNDA PARTE – Entrevistas 41

    2.1 Entrevista concedida pelo médium Divaldo Pereira Franco à equipe da mediunidade das Federativas Espíritas 43

    2.2 Entrevista concedida pelo médium Divaldo Pereira Franco aos integrantes do Conselho Federativo Nacional 93

3 TERCEIRA PARTE – Mensagens do Espírito Bezerra de Menezes recebidas pelo médium Divaldo Pereira Franco 153

    3.1 Testemunhos de fé 155

    3.2 Em nome do amor 159

    3.3 O hábito da oração 161

    3.4 Convite à luta 163

    3.5 Rogativa 165

    3.6 Exortação de amor 167

3.7 Desafios da jornada...169

3.8 Momento de crise e reflexão...................................173

3.9 Coragem na luta..175

3.10 Em reconhecimento e confiança 177

3.11 Rumos da evolução..179

3.12 Instalação da nova era nos corações......................183

3.13 Vozes da imortalidade 185

3.14 Vida em abundância..189

3.15 Construtores do amanhã.......................................191

3.16 Trajetória desafiadora 195

3.17 Cristãos decididos..197

3.18 Novas responsabilidades..199

3.19 Momento de cidadania espírita..............................203

3.20 Rumos para o futuro..205

3.21 Tarefa do médium no mundo em transição..........209

3.22 Vem, Jesus!...213

3.23 Convocação..215

3.24 A honra de servir 219

3.25 Dor e coragem...221

3.26 Trava-se a grande batalha......................................223

3.27 Testemunho pessoal 227

3.28 Era nova de divulgação do Reino de Deus.............229

3.29 Ser espírita 233

3.30 Momento da gloriosa transição 235

3.31 Sem adiamentos 237

3.32 Vivência do amor 241

3.33 O sal da terra 245

3.34 Prosseguimento na luta 249

3.35 Jesus, sol de primeira grandeza 253

3.36 Brilhe a vossa luz 255

3.37 Compromisso com a fé espírita 259

3.38 Fidelidade a Jesus e a Kardec 263

3.39 O mediodia da Nova Era 269

3.40 Era nova de unificação e decisão 273

3.41 Novas conquistas aproximam a Ciência da Religião 277

APRESENTAÇÃO

O amor é o Divino Hálito que mantém a vida em todas as suas expressões e preserva o equilíbrio do Universo por meio das forças que o sustentam.

Sem dúvida, a conceituação apresentada por João Evangelista, informando que *Deus é amor*, torna-se perfeitamente compatível com a definição dos Espíritos Superiores, respondendo ao nobre Codificador do Espiritismo, conforme exarada na questão de número 1, em *O livro dos espíritos*: "Deus é a inteligência suprema, causa primária de todas as coisas".

Isso porque somente o amor é possuidor dos requisitos essenciais à Criação e à manutenção de todas as coisas...

O inolvidável Rabi galileu, em razão da grandeza do seu conteúdo, fez do amor a condição essencial à vida, propondo a inesquecível diretriz sobre "Amar a Deus acima de todas as coisas e ao próximo como a si mesmo".

Desse modo, o amor deve reger todos os sentimentos, atos e condutas do ser humano, a fim de que alcance a sua plenitude.

Mediante o amor, todos os desafios se tornam de fácil enfrentamento e as suas soluções, menos aflitivas, por mais graves que se apresentem.

Pensando sempre em Deus, no próximo e tocado por essa essência sublime, o ser humano consegue alcançar as cumeadas da evolução, superando os impedimentos que muitas vezes tentam cercear-lhe a marcha, gerando sofrimentos e desencantos.

Entende com facilidade o processo de crescimento interior, evitando a postura de martírio, de autocompaixão ou de revolta, de agressividade, para construir o bem em si próprio e tornar-se-lhe mensageiro responsável.

Quando, assim acontece, a autoiluminação ocorre com naturalidade e o Espírito de serviço impulsiona-o ao trabalho de edificação da paz e do progresso em todo lugar, em todas as criaturas.

*

Através de alguns anos, em ocasiões que nos pareceram próprias, tornamo-nos instrumento espiritual das páginas que se irão ler, objetivando manter despertas as consciências e equilibrados os sentimentos daqueles que se afadigam na seara de Jesus, buscando realizar o melhor de si mesmos.

Com objetivos definidos para cada ocasião, agora estão reunidas neste modesto livro, com abrangência mais ampla, de modo que possam contribuir de alguma forma para o estímulo, a dedicação e o esclarecimento daqueles que se comprometeram com a divulgação e a vivência dos ensinamentos espíritas no dia a dia das suas existências.

Estão adicionados os diálogos realizados pelos trabalhadores do Espiritismo, nas sedes da Federação Espírita Brasileira, no Rio de Janeiro e em Brasília, quando deles participamos por meio do médium de quem nos utilizamos naquelas oportunidades.

Apresentação

Não traz originalidade nenhuma o nosso esforço, pois os conteúdos, de certo modo, já são conhecidos pelos estudiosos sinceros do Espiritismo, valendo, no entanto, da possibilidade de recordá-los, especialmente de algum item, momentaneamente esquecido, ou propô-lo em novo revestimento linguístico.

Esperamos que o singelo trabalho alcance o objetivo para o qual está sendo publicado, como pálida contribuição para a lídima fraternidade entre os espíritas e as demais criaturas em geral, com o desejo de unificação de esforços em favor da causa comum: o desenvolvimento intelecto-moral do ser humano!

Salvador (BA), 4 de maio de 2012.

BEZERRA DE MENEZES

(Página psicografada pelo médium Divaldo Pereira Franco, na manhã de 4 de maio de 2012, na Mansão do Caminho, em Salvador-BA).

1
PRIMEIRA PARTE

Palavras proferidas pelo médium
Divaldo Pereira Franco

1.1
A prática mediúnica

Queridos irmãos que dirigem as atividades deste encontro, queridas irmãs, queridos irmãos espíritas, jovens e caros amigos que nos acompanham por meio da TVCEI, nossos votos cordiais de muita paz.

Para podermos adentrar na temática programada para esta manhã, a *Prática da Mediunidade*, vale a pena que nos detenhamos um pouco na análise do Centro Espírita.

O ínclito Codificador do Espiritismo, depois do sucesso notável de *O livro dos espíritos*, publicado em 1857, teve a grande preocupação de atender a correspondência que lhe chegava, consoante referimo-nos ontem, e, logo depois, dá prosseguimento às atividades de penetração no Mundo Espiritual, agora, no entanto, sob a diretriz de uma Instituição Espírita.

Foi graças a isso, que no dia 1º de abril de 1858, na sua própria residência, Allan Kardec começou a sistematizar as atividades da *Sociedade Parisiense de Estudos Espíritas*, que é o primeiro Centro Espírita organizado.

Seu trabalho extraordinário teve uma repercussão muito grande entre aqueles que cooperavam com o Codificador, porque, de imediato, aderiram pessoas sensatas e devotadas, investigadores sinceros, mas o ambiente físico da sua residência na Rua dos Mártires não permitia um número maior de pessoas.

Dessa maneira, ele transferiu a sede das atividades para a mesma Galeria de Orleans, no Palais Royal, onde foi apresentado no ano anterior *O livro dos espíritos*. Aguardava, porém, uma surpresa muito desagradável para o dedicado Allan Kardec: os companheiros que se haviam comprometido a auxiliar nas despesas da novel entidade, infelizmente não contribuíram com a cota mensal necessária e, inevitavelmente, ele foi constrangido a trazer de volta a Sociedade Parisiense de Estudos Espíritas à intimidade do seu lar.

Com ânimo inquebrantável, Allan Kardec jamais temeu qualquer impossibilidade ou receou qualquer impedimento que lhe surgisse à frente. E foi ali, na intimidade sacrossanta do seu santuário, no Centro Espírita, que a Doutrina iria expandir-se para se tornar o verdadeiro consolador que Jesus havia prometido.

Teve ele também a sabedoria de publicar, em *O livro dos médiuns*, o estatuto da Sociedade Parisiense de Estudos Espíritas, a fim de guiar os novos nautas na embarcação grandiosa de uma instituição que pudesse constituir-se a pedra angular do Movimento Espírita.

O Movimento Espírita repousa suas bases na casa que se deve dedicar ao Espiritismo. A Casa Espírita, a Instituição, a Associação, a Entidade, o Centro, como se queira denominar, é a célula básica do Movimento Espírita na Terra. Porque é ali, no silêncio das reflexões profundas, na meditação acendrada pelo amor, que as vozes dos céus se comunicam com as criaturas humanas.

O Centro Espírita, no entanto, não é uma realização eminentemente humana, ele deve partir do Mundo Espiritual para a Terra. Seus alicerces são inicialmente colocados na Vida, além da vida, e lentamente transferidos para o mundo físico por meio da inspiração que é transmitida aos médiuns e aos indivíduos que se reúnem para treinar fraternidade, para lapidar as arestas do comportamento e para libertar-se das más inclinações.

O Centro Espírita, quando é resultado de divisões, de pelejas, de brigas egoísticas, é normalmente um trabalho de capricho das criaturas humanas. Inevitavelmente, passa por inúmeras vicissitudes, dificuldades de implantação das bases doutrinárias, lutas internas, desafios continuados, e também a terrível praga da dissensão, que acompanha os indivíduos rebeldes.

Mas, quando se trata de uma floração que veio com o pólen do Mundo Espiritual, há grave responsabilidade dos seus membros, porquanto, conforme a opinião das entidades amigas e venerandas, comprometemo-nos aqueles que assumimos deveres graves, antes do berço, firmando documentos de responsabilidade no Mais-Além, que deveremos cumprir aqui na Terra, para uma posterior avaliação depois do nosso decesso tumular.

É por isso que, invariavelmente, o Centro Espírita surge em torno da figura de um médium. Esse médium, que necessita de orientação e de amparo, quase sempre é inspirado a convidar amigos para que participem do seu trabalho de iluminação, adotando os métodos da disciplina e, sobretudo, da ética moral para poder preservar-se das ciladas inomináveis e inúmeras, que são colocadas pelos adversários do bem. Nasce, então, o Centro Espírita, como uma tentativa de trazer de volta o Cristianismo.

Nessas entidades que assim se iniciam, vale considerar que a presença de Jesus Cristo é primordial, e as realizações do seu sentimento estão nas mentes daqueles que operam a administração, falam pela boca dos que se dedicam à verdade e saem do coração por meio das mãos, pela prática sublime da caridade. Então, o Centro Espírita deve ter como bases, como alicerce, três fatores essenciais:

O primeiro deles, *espiritizar*. É uma instituição dedicada ao estudo, à cultura, ao aprofundamento da Doutrina Espírita. Quando visitei Paris pela primeira vez, em 1967, no mês de agosto, tive a preocupação de visitar a *Union Spirite Française* (União Espírita Francesa) que, à época, localizava-se à Rua Copernic, nº 8 e, chegando ali, experimentei um grande desencanto, porque aquela época era período de férias em Paris — principalmente agosto e setembro —, e muitas instituições tinham as portas fechadas. A *Union Spirite Française* também estava de férias — como se os Espíritos nobres tivessem necessidade de período de férias — sem nenhuma censura da minha parte, porque é uma questão cultural.

Mas a minha grande surpresa foi verificar que, nas vitrines da entrada da Rua Copernic, nº 8, não havia uma obra espírita. Havia obras de ioga, obras de mentalismo, obras de maçonaria, e eu me perguntei se realmente ali era a continuação da Sociedade Parisiense de Estudos Espíritas, porque qualquer observador menos cuidadoso que chegasse não teria a menor ideia de que ali era uma sede das manifestações sublimes dos Espíritos imortais.

Posteriormente, esse trabalho ofereceu muitas mudanças, e hoje, felizmente, nós ainda estamos em grandes lutas no Movimento Espírita francês para voltar à base, às origens do *espiritizar*.

Esse espiritizar é uma proposta da veneranda Joanna de Ângelis.

Muitas vezes, na atualidade, vemos os confrades, portadores de alto significado moral e de sentimentos nobres, muito preocupados com os corpos, sessões de curas com várias clínicas de doutrinas complementares à Medicina funcionando no Centro Espírita. E, lamentavelmente, esquecidos das terapêuticas espíritas que têm, como método essencial, a transformação moral do indivíduo para melhor, sendo hoje melhor do que ontem, propondo-se a ser melhor amanhã e lutando sempre contra as más inclinações. Esses corações afetuosos que assim se comportam certamente não estudaram a Doutrina Espírita.

A Doutrina Espírita que está no Centro Espírita tem que ser levada às criaturas dentro das diretrizes seguras e nobres da Codificação. Porque o Centro Espírita é como *colo de mãe*, agasalhando os filhos do sofrimento, os filhos do calvário, que chegam batidos pelas tempestades do mundo, procurando abrigo, consolação e diretriz. Mas é também uma *oficina*, é uma oficina de trabalho, onde nos aprimoramos para bem servir à Divindade, por meio da nossa transformação moral e do socorro, a nós e aos nossos irmãos. É também o *hospital* das almas, porque Espíritos enfermos todos somos.

Aliás, o Codificador assevera que a Terra é um planeta inferior porque nós, os Espíritos que a habitamos, ainda somos inferiores. Enfermos, portanto.

No Centro Espírita, temos as bases essenciais para a autocura, caracterizando no grande esforço para que a saúde venha do interior para o exterior, sem a preocupação de tornar um indivíduo saudável de fora para dentro.

Então, é necessário que o Centro Espírita não perca suas diretrizes essenciais porque, por fim, é um *santuário de bênçãos* onde nos localizamos para o intercâmbio sublime com a Divindade, por meio dos prepostos de Jesus, que é o guia e modelo da criatura, dado por Deus para poder servir-nos de luz no grande túnel dos sofrimentos.

É necessário que o espiritizar tenha preferência em vez de estarmos preocupados com diversos ramos das terapias que são muito úteis, mas que não devem ser implantadas dentro da Casa Espírita. Que os espíritas que são hábeis nessas terapias apliquem-nas em consultórios especializados, para não transformar o Centro Espírita em uma clínica a mais de doutrinas que se derivam das propostas acadêmicas da ciência médica.

Então, *espiritizar* é muito importante.

Um outro caráter é fazer com que o indivíduo compreenda a necessidade de amar o seu próximo, de tolerar, de compreender que todos estamos na seara para lapidar as nossas imperfeições, para trabalhar os nossos erros do passado, limando as nossas anfractuosidades [saliências] morais, adaptando-nos à compreensão, à tolerância.

Não foi por outra razão que o egrégio Codificador utilizou-se da tríade de Pestalozzi: *Trabalho, Solidariedade e Perseverança,* para poder insculpir em nós o trabalho, a solidariedade e a tolerância.

Pestalozzi acreditava, e com muita razão, que a aprendizagem é resultado da perseverança, e Allan Kardec compreendeu que a evolução é resultado da tolerância. O trabalho eleva-nos, as atividades comuns dão-nos um impulso para podermos seguir, a solidariedade ajuda-nos, porque ninguém é tão perfeito que não necessite de outrem. Ninguém é tão autossuficiente que não tenha necessidade de apoio, de amparo, de ajuda, mas é necessário que, para dar e receber esse apoio, esse amparo e essa ajuda, caracterize-se pela tolerância, e a irmã tolerância normalmente anda de passeio fora de algumas instituições espíritas, porque exigimos muito dos outros e não contribuímos com a nossa parte.

Esperamos que sejam tolerantes para conosco, mas invariavelmente esquecemo-nos da tolerância para aqueles que não são tolerantes. Então, Allan Kardec propôs essa trilogia, que é de muita oportunidade nos dias em que vivemos e, também, é necessário que nos qualifiquemos, porque é muito comum dizermos entre nós que basta boa vontade.

Não. Não pode haver nada pior do que a boa vontade dos ignorantes, aliás, o pensamento não é meu, é de Goethe.[1] Goethe dizia: "Melhor uma pessoa de má vontade que sabe o que deve fazer, do que uma multidão de boa vontade que não sabe o que realizar".

Então, é necessário que nos qualifiquemos, que procuremos estabelecer o nosso trabalho dentro daquilo que melhor nos apetece e que diz respeito às nossas tendências e qualificações.

Normalmente chega à nossa casa uma pessoa portadora de bons sentimentos e diz: "Eu gostaria de colaborar, em que vou dedicar-me?". E nós sempre lhe respondemos: "Você é que sabe, venha visitar-nos, passe algum período conosco, examine cada departamento, o que ali se realiza e localize-se naquele com o qual você tenha maior afinidade e possa exercer as suas habilidades. Não seremos nós quem lhe vai dizer onde e como trabalhar; serão as suas possibilidades que irão iluminar este recinto sublime da fraternidade".

Nesse sentido, eu gostaria de narrar uma experiência pessoal. A nossa Casa Espírita nasceu em torno da faculdade mediúnica de que nos encontrávamos portador, por volta de 1947. Para poder estudar, estudarmos juntos, foi criado o *Centro Espírita Caminho da Redenção*, no dia 7 de setembro.

---

[1] N.E.: Johann Wolfgang von Goethe (1749–1783) foi escritor e pensador, uma das mais importantes figuras da literatura alemã e do Romantismo europeu, no final do século XVIII e início do século XIX.

A partir de então, passamos a ter as reuniões recomendadas pelo insigne mestre, no capítulo 29 de *O livro dos médiuns*, no qual ele se reporta às reuniões e às sociedades espíritas, e, no item 324, se refere aos tipos de reuniões que, invariavelmente, existem nas associações: as reuniões frívolas, cujo nome já diz do seu conteúdo, de pessoas levianas, irresponsáveis, pessoas fúteis, que desejam fazer dos Espíritos áulicos das suas necessidades.

Essas reuniões frívolas são caracterizadas pelo interesse em receber notícias, informações daquilo que diz respeito ao nosso bom senso, ao nosso livre-arbítrio. Definir, também, aquelas reuniões experimentais, que são as reuniões de pesquisa que hoje estão totalmente ultrapassadas.

Conforme uma resposta que o Codificador recebeu, os benfeitores disseram-lhe que os cientistas ficam sempre remanejando as experiências iniciais, razão porque as denominadas sessões de efeitos materiais e efeitos físicos já não se faziam necessárias, pois estavam superadas. Elas foram a porta que chamou a atenção das pessoas, a curiosidade e o encontro com o Mundo Espiritual. As reuniões, agora, não deveriam ter mais esse cuidado de pesquisar o que já foi constatado, mas reuniões instrutivas.

Com o tempo, iríamos dividir, todos nós espíritas, essas reuniões instrutivas em duas asas experimentais: a asa da *educação mediúnica* ou do *desenvolvimento*, e aquela que iríamos chamar, posteriormente, *de desobsessão*, conforme a proposta do Espírito André Luiz, por meio do nosso venerando Chico Xavier.

As reuniões instrutivas, como o próprio nome diz, são aquelas que nos beneficiam, aquelas constituídas por pessoas sérias, pessoas graves, pessoas realmente interessadas em trabalhar o metal dos seus sentimentos morais, em progredir, em alcançar as cumeadas do progresso, em plenificar-se, em iluminar-se, em tornar-se verdadeiros fachos de luz para si mesmas. Então, essas são as que hoje, invariavelmente, realizam-se nas Instituições espíritas.

Nós começamos com essas reuniões instrutivas, tínhamos as doutrinárias, as de exposição, na época não havia cursos programados, depois o trabalho da evangelização infantojuvenil, que já se esboçava em Porto Alegre, na Federação Espírita do Rio Grande do Sul, com Cecília e Dinah Rocha e uma equipe de trabalhadores do bem.

Logo depois, os trabalhos de atendimento mediúnico, passes, água fluidificada etc.

Tínhamos uma reunião na qual fazíamos a divulgação da Doutrina, era uma atividade consoladora e, na parte terminal, aplicávamos passes coletivos.

Eram reuniões noturnas e, numa dessas reuniões, quando diminuímos as luzes deixando o ambiente numa penumbra suave, iluminada por lâmpadas verdes — não por causa de cromoterapia, por ser uma luz mais suave e menos perturbadora, ao olhar para o público — era uma sala com umas duzentas pessoas mais ou menos — chamou-me a atenção um *spotlight* [holofote, em português] que descia na direção de uma criatura sentada ali na multidão. Eu então observei aquele jato de luz, uma luz diamantina que parecia um fogo de artifício e que pirilampava com milhares de pequeninas estrelas apontando uma pessoa.

Eu fiquei surpreso, porque nunca antes o houvera visto. Então, me detive e consegui identificar a pessoa que estava sendo banhada por essa luminosidade especial. Fiquei muito emocionado, pois não conhecia profundamente o Espiritismo, nem o conheço — conheço-o ainda na sua superfície, porque uma doutrina grave como o Espiritismo não se vadeia em uma única reencarnação. É necessário o trabalho apostolar de muitas existências. O que os benfeitores sempre dizem é que estamos no começo da Revelação.

Ao terminar a reunião, identifiquei a senhora. Era uma afrodescendente — naquele tempo podia-se dizer que a pessoa era negra, sem nenhuma ofensa, não havia mesmo objetivo de subestimar. Então, terminada a reunião, eu lhe dei um sinal, era uma senhora que frequentava a nossa Casa fazia meses. Aparentava 40 anos, aproximadamente, e sempre estava modesta e limpamente vestida.

Naquela época, era hábito passarem as roupas a ferro, agora caiu de moda, quanto mais esteja mal apresentada, rasgada, mais elegante, melhor a grife. Então a chamei, ela veio, e disse-lhe: "Gostaria muito de falar com a senhora quando terminar aqui. A senhora pode esperar um pouco?". Ela humildemente meneou a cabeça, disse que sim e sentou-se.

Eu atendi os compromissos estabelecidos e, uma hora e meia depois, sentei-me ao seu lado, peguei-lhe nas mãos e disse: "Eu vi uma coisa tão linda sobre a senhora, o que a senhora sentiu hoje em nossa reunião?".

Naquela época, não era muito comum o ar refrigerado — veja o quanto nós evoluímos em apenas sessenta anos. Ela respondeu: "Ah! meu irmão, eu senti um friozinho tão bom, eu fechei os olhos e viajei, eu viajei numa barca toda feita de luz, eu fico até com vergonha, porque eu não sei se foi um sonho, será que eu dormi?".

Eu repliquei: "Não, não dormiu, a senhora desprendeu-se, porque realmente um banho de luz descia sobre a senhora. Então me dei conta de que a senhora pode nos ajudar muito".

E ela disse que era o sonho da sua vida. "Eu sou lavadeira, trabalho para três famílias ricas, então eu lavo roupa, passo-as a ferro e eu sou especialista em engomar roupa branca de homem."

Era o máximo do chique, uma roupa de linho bem engomada, e quando a pessoa passava, tocava-se *a Marselhesa*[2] e, com o ritmo, punha-se goma na roupa.

Ela então indagou: "Como é que eu poderei?".

Respondi-lhe que gostaria de convidá-la a aplicar passes, porque era uma senhora de alma tão nobre. Fiquei com vergonha de elogiá-la, porque era a primeira vez que tínhamos um contato físico, embora ela frequentasse a reunião muitas vezes.

Ela interrogou: "Mas meu irmão, como é que poderemos fazer?".

---

[2] N.E.: *La Marseillaise*, em francês, Hino Nacional da França.

Respondi-lhe: "A senhora vem aqui aos sábados, à tarde, depois do atendimento aos doentes, eu lhe explico. A senhora olha como é que nós aplicamos, vai aprendendo e, em breve, a senhora vai fazer parte da pequena equipe dos que aplicam passes coletivos em nossas reuniões".

Ela ficou muito emocionada até as lágrimas. E a partir daí passou a vir todo sábado à tarde. Aplicávamos os passes, que devem ser os mais simples possíveis, nada de complexidade, de bater castanholas e de sacudir isso, sacudir aquilo, isto é, para impressionar. Jesus olhava para o paciente e curava. Ele dizia: "Eu quero que fiques bom" e isso bastava. Ele projetava seu pensamento e curava a distância, tocava e, quando uma mulher tocou nas suas vestes, curou-se e Ele sentiu que d'Ele se desprendia uma virtude.

Nós, como não temos esse poder, deveremos utilizar-nos de uma técnica simples, retirar os fluidos negativos por meio de movimentos rítmicos, fazer uma breve pausa e depois aplicar no centro coronário. Naturalmente, essas energias serão canalizadas para o órgão enfermo. Se, por acaso, sabemos que há uma cardiopatia, um problema pulmonar, poderemos direcionar a nossa mão ao órgão, sempre sem tocar no indivíduo, respeitando a integridade física do indivíduo.

Essa nossa experiência vem de acompanhar Chico Xavier aplicando passes, tanto nas peregrinações, como em Pedro Leopoldo e em Uberaba.

O que importa é a energia que o médium desprende, fruto dos seus valores morais, das suas lutas e das suas conquistas espirituais.

Mas expliquei-lhe algumas técnicas: a técnica do sopro, a técnica da localização nos chacras X, Y e Z, sem dizer os nomes complicados. E no dia que achei que ela estava pronta, dei-lhe um presente.

Eu havia recebido da bondade do Dr. Antônio Wantuil de Freitas um exemplar de *O evangelho segundo o espiritismo*, tradução de Guillon Ribeiro, todo encadernado em percalina, com as letras em ouro, e, quando o Dr. Wantuil me deu isso, nos anos 50, eu fiquei muito emocionado com esse presente, ele me esclareceu: "Este é o roteiro de sua vida". Eu já tinha aquele gasto, velho, gordo de tanto consultar. Eu peguei esse que era um tesouro e guardei. Envolvi-o em plástico e guardei-o, continuando a usar aquele que era o companheiro dos anos anteriores.

Então, lembrei-me de oferecê-lo a essa senhora, ela merecia algo que seria o seu ingresso no reino da caridade espírita. Fiz uma dedicatória, transferindo a doação do Dr. Wantuil para ela. Ela morava no bairro das invasões, onde as casas eram construídas sobre os pântanos do refluxo das marés, em Salvador. É uma península, na praia bate o mar e o refluxo num pântano onde se jogava o lixo, as pessoas pobres levantavam a lama e construíam ali, os chamados *alagados, afogados* no Recife etc. Ali ela residia.

Eu expliquei-lhe: "Vou lhe dar este livro, porque muitas vezes a senhora vai ver pessoas doentes no bairro e irá gostar de aplicar um passe, mas vou lhe dar um conselho, nunca vá a sós, porque a senhora sabe, as pessoas são intolerantes, a senhora é muito modesta, e, se o paciente vier a morrer, vão dizer que foi feitiço" — pelo fato de ela ser afrodescendente sempre havia um certo preconceito. "Vão dizer que foi feitiço, foi magia negra, qualquer coisa. A senhora vá com uma testemunha, nunca receite nada, nem chá. A senhora vai aplicar passe."

Nunca o médium passista deve recomendar médico, terapêuticas outras, a sua função são os passes, porque não vai trabalhar na seara o que não lhe diz respeito. Os guias estão dizendo isso, os guias estão dizendo aquilo, não dizem muita coisa não, é um pouco de imaginação. Os guias são muito nobres para se imiscuírem nas questões pequenas do nosso dia a dia.

"Então, a senhora quando chegar com a sua companheira, abra o Evangelho, leia e depois aplique o passe."

Ela novamente umedeceu os olhos. Dei-lhe o Evangelho e achei que tinha feito uma coisa muito boa e eu a fiz, é verdade.

Passaram-se os meses, ela começou a colaborar, aplicava os passes, individuais e coletivos e ficamos muito amigos, muito próximos, tornou-se um dos braços direitos em nossa casa. Certo dia, ela chegou jubilosa, bem vestida, isto é, com a roupa bem engomada, o cabelo penteado.

Naquela época o cabelo era espichado a ferro em brasa. Meu Deus, que progresso! Colocava o ferro e espichava, literalmente, com banha de porco, uma coisinha suave, e então, o cabelo ficava durinho, penteado. Se de um lado os afros penteavam assim, as moças chiques e brancas faziam papelote, enrolavam o cabelo em pedaço de jornal, colocavam um grampo e passavam cerveja fermentada, porque não tinha laquê e os maridos dormiam embriagados, não era de outra forma.

Mas ela estava espichada, cabelo partido ao meio, e então disse-me: "Irmão Divaldo, hoje é o segundo dia mais feliz da minha vida".

Eu perguntei-lhe: "E o primeiro?".

"Foi o dia da Revelação, quando o irmão me falou que uma luz me banhava e que eu viajei numa barca. Hoje é o segundo."

E eu perguntei-lhe: "Mas por quê?".

"Porque acabo de me diplomar pelo Movimento Brasileiro de Alfabetização dos Adultos (Mobral)."

Então, eu caí em mim, vendo que havia cometido uma gafe, havia-lhe dado o Evangelho, pedido para ela ler e ela era analfabeta!

"Mas, então, meus parabéns!"

"Pois é, irmão Divaldo, e vou lhe contar, eu fui a oradora, porque o senhor sabe, espírita é de morte!" "Não, é de vida." "Mas fala com os mortos." "Com os vivos." Sorrimos, e ela explicou: "É que nós espíritas aprendemos a falar, a doutrinar, se a pessoa tem uma queda a gente diz: não reclame, é de baixo que se vai para cima, tem sempre uma explicação. E lá no curso eu sempre tinha explicações, o que o irmão falava aqui eu repetia lá, do meu jeito, aí me convidaram para ser a oradora e eu falei sobre a missão de educar".

Olha já o vocabulário! Eu disse: "Mas como, a missão de educar?".

"Falei sobre os três mestres: Jesus, Pestalozzi e Allan Kardec, uma palestra sua e então repeti, fui aplaudida e recebi o meu diploma".

Quando eu olhei o diploma, comovi-me, comovi-me até as lágrimas. Ali estava o nome dela.

— Mas por que a senhora não me falou que não sabia ler?

— Fiquei com vergonha, meu irmão, fiquei com vergonha.
— E como é que a senhora faz quando vai dar o passe?
— Eu levo o meu Evangelho.

Tirou da bolsa, que naquele tempo era uma sacola, e estava embrulhado em papel de jornal e então falou:

— Eu chego, sento-me com a minha companheira e digo ao doente 'abra e leia, por favor'. Quando ele diz que não sabe ler, eu dou à companheira, e ela responde, 'eu também não sei ler', então eu vou falar o que o irmão Divaldo contou. Mas eu nunca me confessei como analfabeta e digo agora, meu irmão, eu abro-o em qualquer lugar e leio suavemente.

Eu olhei para aquela alma grandiosa e dei-lhe um abraço, mas um abraço profundo, demorado, e naquele momento os benfeitores espirituais informaram-me de que aquela mulher modesta havia sido uma personagem muito importante na noite de São Bartolomeu. Em 24 de agosto de 1572 ela se encontrava nas Tulherias,[3] ao lado de Catarina de Médicis,[4] da duquesa de Nemours e do duque e cardeal Charles de Guise.

Ela estava também naquele *imbróglio* e adqui riu débitos muito cruciantes. Duzentos anos depois, um pouco mais, em 1789, na Revolução Francesa, quando o país foi resgatar o grande carma, os débitos da passada Noite de São Bartolomeu, ela foi guilhotinada, porque era uma revolucionária, fazia parte do Partido da Planície.[5]

No período mais temerário da Revolução, ela foi vítima da sua própria impulsividade. Como aqueles Espíritos — dois milhões, aproximadamente — vieram reencarnar-se no Brasil para receber a mensagem

---

[3] N.E.: Tulheries – palácio real francês, construído por iniciativa de Catarina de Médicis.

[4] N.E.: Catarina de Médicis (1519–1569), rainha consorte da França, de origem italiana, principal articuladora da matança dos protestantes, chamados huguenotes, ocorrida em 23, 24 de agosto de 1572. Duquesa de Nemours, amiga e conselheira da rainha-mãe, Catarina de Médicis, esteve diretamente envolvida no atentado. Charles de Guise, católico fervoroso, era adversário ferrenho dos protestantes, apoiando o massacre ocorrido.

[5] N.E.: Partido da Planície, na Revolução Francesa (1789–1799). Representava a alta burguesia francesa, constituído da burguesia financeira e da burguesia industrial. Seus partidários foram considerados inimigos dos jacobinos (principal liderança política da Revolução) e mortos pela guilhotina.

do Consolador e daqui mandá-la de volta para o mundo, como consta em *Brasil, coração do mundo, pátria do evangelho*, de Humberto de Campos, psicografado pelo nosso querido Chico.

Ela estava reencarnada numa função humilde para aprender, sobretudo, o trabalho da sublimação do ser, sem os grandes voos do intelecto e da política, saturada das paixões.

Então, demorei no abraço, enquanto via os três períodos: 1) o período da noite de São Bartolomeu, exatamente no momento da decisão, quando Catarina de Médicis pede ao filho que assine a autorização (de morte dos huguenotes); 2) ele tem uma crise de loucura e diz: "Então matem, matem a todos", e assina. Ela entrega o documento à duquesa de Nemours, que vai alegre até o outro lado do atual Louvre, defronte da Igreja de Saint-Germain-l'Auxerrois (também chamada Igreja do Louvre) e, com uma vela acesa, dá o sinal ao sacerdote, que badala o sino para começar a matança.

Desde ali, até a atual existência, passando pelos dias terríveis da Revolução e agora a vida anônima. Ela foi enjeitada pela mãe nesta vida, nesta existência. Aliás, ela foi deixada à margem, jogada às portas numa roda que havia numa casa, depois transferida para um orfanato e, quando completou 14 anos, assumiu a própria vida, mas se manteve pulcra, digna, trabalhadora.

Então, essa criatura tornou-se em nossa Casa um verdadeiro médium de curas, dedicada ao bem, à caridade, porque esta é a função do Centro Espírita: identificar, descobrir os valores, o metal que chega cheio de ganga e tem que ser melhorado para que se possa encontrar a gema preciosa que se encontra dentro dele.

É preciso, então, *espiritizar*.

Ao desencarnar, com a idade de 65 anos, ela mandou chamar-me, porque queria despedir-se. E, no momento culminante, ela me disse: "Irmão, o livro que o senhor me deu é o tesouro que eu tenho e que lhe quero devolver". Então me devolveu o livro, que já estava assinado por ela.

Primeira parte

É um livro cheio de oferta e de procura. Dr. Wantuil me deu, eu transferi para ela, ela transferiu para mim e eu já retransferi a outro, vamos ver em que vai dar. Já passei para outro, uma outra senhora que me havia fascinado a vida, porque essa é a missão dos médiuns.

Eu era muito jovem, no ano de 1945, a mediunidade aflorada — não é autobiografia, é narrativa de experiências para os médiuns novos e para os estudiosos da mediunidade —, e voltava do trabalho, naquele tempo havia bonde.

Atazanado pelas forças que me perturbavam, eu perdia de tal forma a sensibilidade material que confundia um encarnado com desencarnado.

É tão curioso esse fenômeno, que um dia alguém me perguntou: Por que você não se casou? Eu disse que não tive tempo. Mas depois eu fui pensar e encontrei o porquê de não me ter casado. Porque eu era muito jovem, fui trabalhar e, no meu trabalho, quando dava 18 horas, todo mundo saía cada qual com a sua namorada, com o seu namorado. Eu, chegado do interior, muito tímido, ficava com uma inveja, todo mundo tinha namorada, eu com 18 anos, nem esperança.

E, certo dia, eu estava no ponto do bonde, quando passou o veículo, e uma moça que ia no banco sorriu. Eu subi ao banco e comecei a namorar, eu não sabia como é que era. Então perguntei para onde ela ia, ela me perguntou o mesmo, então marcamos um encontro para o outro dia.

Eu ia esperar ali o bonde das 18 horas, um pouco mais, para continuar namorando. Mas não me dei conta da interferência dos Espíritos zombeteiros. Aquele segundo dia para mim foi de uma grande excitação, toda hora eu corria ao espelho, porque toda pessoa que começa a namorar toda hora conserta o cabelo, não sei o porquê. Eu corri ao espelho, até que meu chefe estranhou o que estava acontecendo: "Você já foi ao lavabo umas 20 vezes!".

Eu disse que estava muito nervoso, que estava suando muito, e ia lavar o rosto. Mas, na verdade, era para ver a paisagem, e aguardar a hora aprazada. Eu saí um pouco antes, para não perder a chance, e fiquei no ponto, até que veio o bonde.

Ela me deu sinal, estava reservando o lugar, e eu subi. Quando me fui sentar, senti duas pernas embaixo de mim, aí fiquei em pé, olhei pelo ombro e estava um homem enorme, gordinho, ali sentado junto dela. Ela, então, propôs-me: "Sente!".

Eu pensei: "Ela deve ser maluca, como é que eu vou sentar no colo do homem?".

Fiquei em pé e ela perguntou por que eu não sentava.

Mostrei-lhe o homem. Ela olhou e respondeu-me: "O que é?".

Eu olhei, o homem havia desaparecido. Eu fiquei com tanta vergonha que saltei do bonde e acabou o namoro. Mais tarde, quando nos tornamos amigos, ela perguntou-me: "Divaldo, como é que acabou o namoro que não começou?". É por causa do homem. E contei para ela, que era espírita, então, ia entender perfeitamente, porque a mediunidade tem desses lances.

Em uma dessas vezes, eu voltava para casa muito deprimido. A gente fica num mundo de sombras, tudo é gris (cinzento), a mente também está com dificuldade de lucidez. Grandeza é *O livro dos médiuns,* que nos esclarece todos esses fenômenos psíquicos e parapsíquicos.

Eu não pude sopitar as lágrimas e fiquei chorando, elas desciam espontaneamente; hoje são mais difíceis, pois chorei tanto que acabou. Quando uma senhora que estava na ponta, também uma afrodescendente, chegou, aproximou-se de mim e perguntou: "O que é que o sinhozinho tem?".

Eu fiquei tão emocionado com aquela estranha perguntando e disse para ela que era dor de cabeça. Ela me olhou e esclareceu:

— Não é não, é uma influência!

— Que é influência? — perguntei.

— É um encosto.

Portanto, a palavra é nossa, os evangélicos estão usando, porque roubaram a palavra, a palavra é nossa, encosto é nossa. Não está nos clássicos, mas está no popular.

— O irmão está com encosto, o sinhozinho está com encosto!
— Mas como é que a senhora sabe?
— Eu também sou "média" — ela respondeu-me.
— Meu Deus, o que é que eu tenho que fazer? — eu perguntei.
— Venha à minha casa, não salte no lugar que vai saltar.

Era uma médium extraordinária. Eu fui até sua casa, que ficava no bairro do Bonfim. Saltamos, e ela me levou ao seu rancho, uma casa muito modesta, de varas, mas muito asseada. Ela olhou bem para mim e perguntou-me:

— O sinhozinho toma um cafezinho com a negra?
— Tomo sim! — respondi à senhora. — Eu adoro café.

Ela fez o café, colocou um bolachão, não sei se conhecem o bolachão. Ele é tão grande, é uma bolacha redonda, de tamanho grande. Na Bahia, tem o nome de *mata fome*. Se alguém comer um, está salvo por uma semana, porque ele se dilata no estômago. Uma beleza.

Ela colocou três bolachões, eram 19h, eu tinha almoçado às 10h, dois deles foram devorados, apesar da perturbação. E, quando terminou, ela pegou em minhas mãos, segurou-as e elucidou: "Em nome de Deus, eu digo a você, força do mal, se afaste dele".

E, a partir daquela hora, nunca mais aquela entidade veio ter comigo. Ficamos amigos e periodicamente eu ia visitá-la. Quando realmente me dei conta do Espiritismo, em 1947, dois anos depois, fui buscá-la para levá-la ao Centro Espírita, a fim de educar essa mediunidade maravilhosa de que ela era portadora.

Então, as reuniões instrutivas são as que nos libertam da ignorância. Porque sendo a mediunidade uma faculdade natural da criatura humana, é claro que nem todos a educam, não sabem mesmo como proceder nesse processo de educação. E o que acontece? O Centro Espírita torna-se a universidade da educação dos valores mediúnicos.

Mas, hoje temo-nos especializado demasiadamente no estudo da mediunidade, e em determinados lugares as exigências são, às vezes, tão exageradas!

Chega uma pessoa atormentada pelos fenômenos mediúnicos e antes deve passar pelos cursos. Sem dúvida, primeiro é necessário saber o que é o Espiritismo, logo depois saber o que é a mediunidade, porque ninguém pode trabalhar numa sala de química, por exemplo, sem conhecer as fórmulas. Olha uma proveta, tem H_2O, olha para a outra, tem H_2SO_4 e a pessoa pensa que é a mesma coisa, mas uma é água destilada e a outra é o ácido sulfúrico.

O gabinete da mediunidade é um gabinete de substâncias químicas muito perigosas, é necessário adestrar, informar o indivíduo a respeito daquilo que vai enfrentar. Mas tem ocorrido um pouco de exagero, quando se diz que é necessário fazer o curso de quatro anos e, naturalmente, quase diplomar a pessoa em mediunidade.

Não temos, é óbvio, nada contra essa exigência, somente lamentamos que alguns levem muito ao pé da letra a necessidade de um currículo de quatro anos. Enquanto isso, a pessoa enlouquece, vai para o eletrochoque, para os barbitúricos, porque ninguém consegue controlar essas forças apenas estudando a primeira fase, a segunda fase, a terceira fase, a quarta fase.

É claro que os cursos são necessários. Mas o que era feito dos médiuns no começo? Como é, qual foi o curso frequentado por Chico Xavier, por Yvonne do Amaral Pereira e por milhares e milhares de médiuns?

Então, nós deveremos, quando as pessoas têm mediunidade caracterizada, perfeitamente definidas, orientar, levar aos cursos, mas também ao exercício, à prática, ao desenvolvimento, à educação da faculdade. Enquanto está estudando os valores da mediunidade, também deve exercitá-la, para poder disciplinar e ter cabeça para entender o curso. Porque, se a pessoa está perturbada com ações deletéreas, mesmo que as entidades perversas não entrem na Instituição Espírita, ficando à margem, a mente do paciente fica meio anestesiada, ouve, mas não entende. Escuta, mas não fixa, fica um tanto hebetada. E os conflitos pessoais assomam, manifestados nos fenômenos anímicos dos primeiros momentos das comunicações mediúnicas.

Primeira parte

É necessário que transformemos o Centro Espírita numa escola, mas não numa academia, nem numa universidade, a ponto de em alguns lugares dar-se diploma e dar-se também anéis de conclusão de curso de médiuns. Onde vamos parar? É uma deturpação, sem dúvida, dos postulados da Doutrina Espírita.

O Codificador assevera que uma boa conversação é também uma aula de Espiritismo, desde que ela esteja vazada nos termos do Espiritismo.

Desse modo, é o que nós procuramos desenvolver no médium, é assim que chegamos aos valores morais. Você tem que fazer uma análise da sua conduta, ver os seus pontos vulneráveis, trabalhar as imperfeições, identificar qual é a imperfeição mais grave: o ciúme, o ressentimento, o ódio, a perturbação sexual.

É preciso saber qual é o seu ponto vulnerável. Porque é onde você está sendo atacado e que precisa ser melhorado.

E disciplina, pois a partir desse momento, você, o Espírito encarnado, é dono do corpo, e somente ocorrerá comunicação se você sintonizar-se na faixa do comunicante.

Nenhum Espírito logra violentar o médium, a não ser que se encontre em faixa mental equivalente. Se você levantar o seu pensamento a Deus, se realizar boas leituras, se prestar atenção às aulas, você vai mudar o padrão vibratório e, com uma boa moral, você vai levantar a sua onda de sintonia, e os adversários não poderão perturbá-lo.

É preciso trabalhar junto deles essas primeiras manifestações morais, porque são os valores morais que interferem na qualidade da comunicação.

O bom médium, diz Allan Kardec, não é aquele que recebe apenas os bons Espíritos, mas é aquele que tem facilidade nas comunicações. Muita gente acredita que somente recebendo os bons Espíritos é que se torna um bom médium.

Fico surpreso com a avalanche de pessoas que não têm síndromes mediúnicas e de repente viram, tornam-se médiuns, e já começam a receber Espíritos do naipe do doutor Bezerra, para cima, com uma facilidade tremenda, sem esse trabalho de lapidação, de passar pelas entidades sofredoras, o grande campo onde aprendemos a desenvolver o amor.

Recordo-me que Chico Xavier, aos 85 anos, frequentava as reuniões mediúnicas de quartas-feiras, em Uberaba. Sempre estava ele no trabalho de atendimento aos desencarnados infelizes. Não apenas era o médium dos luminares, como era também o médium dos obsessores.

Certa vez, em 10 de janeiro de 1962, estávamos numa reunião mediúnica em Uberaba. Eu havia visitado o Paraná pela primeira vez em 1954, quando, naquela reunião memorável, Chico Xavier incorpora um Espírito que declina o nome. Tratava-se de uma entidade que havia exercido uma função episcopal significativa na cidade de Ribeirão Preto. O que foi impressionante é que sobre a mesa havia um copo com lápis. Ele pegou o lápis, pôs na boca e "fumou o lápis", era como se tivesse fumando um cigarro.

Eu estava do outro lado da mesa e ele (o Espírito) dirigiu-se a mim: "Você aí, lembra-se do dia X, do ano de 1954, quando você chegou a tal cidade no Paraná e foi recebido por fulano, beltrano e sicrano, saltou do avião e informou: 'Quando eu estava a bordo, eu vi presentes os Espíritos Cairbar Schutel e Lins de Vasconcelos'. Mas você não viu a mim, viu?".

Respondi: "Não senhor, não o vi".

"Mas eu estava lá, porque eu sou a sua sombra" — e ele começou a declinar uma série de acontecimentos quase dantescos de que eu fora objeto.

Eu estava numa residência e uma senhora, que era muito gentil comigo, teve um surto obsessivo. Estava no 12º andar, e essa senhora, por quem eu tinha uma alta consideração, mantinha por mim um sentimento perturbador. Eu era muito ingênuo, à época, não me havia dado conta. De repente, empalideceu-se, e com ciúme de outra senhora, tornou-se colérica. Fui tomado de surpresa, porque era uma dama gentil, uma senhora de alto gabarito moral. Então me levantei, e ela, com o dedo em riste em meu rosto, foi-me empurrando, e eu fui recuando

Primeira parte

até a janela. Quando eu estava na janela, dei-me conta de que ela ia me empurrar do 12º andar, então me afastei. E o Espírito narra isso: "Lembra-se da noite tal", na residência tal? Deu o endereço. "Quando eu tomei fulana e ia atirá-lo do 12º andar, miserável, para calar esta sua boca, para silenciar quem nos tem prejudicado tanto." Então, o Espírito foi narrando, e fez uma pausa e falou: "Somos conhecidos ou não?".

Eu estava muito emocionado, mas disse que éramos conhecidos, sim senhor, e acrescentei: "Se eu lhe fiz algum mal, esta é a oportunidade de lhe pedir perdão".

O doutrinador me sugeriu que conversasse com o Espírito. Conversamos longamente por mais de 20 minutos, o que é muito raro numa reunião mediúnica de desobsessão, mas aquele momento era especial. Ele terminou dizendo-me: "Eu vou observá-lo por cinco anos, depois de cinco anos eu lhe darei o meu veredicto, se continuo ou se desisto". Eu respondi, emocionadamente, que agradecia.

Ele despediu-se e me colocou uma alcunha que eu não vou dizer, é claro, para que ninguém a utilize. Logo depois, veio o venerando Emmanuel e fez uma proposta linda de natureza doutrinária: *mostrando os espinhos quanto mais responsabilidades, mais graves testemunhos etc.*

Cinco anos depois, ainda numa das reuniões mediúnicas, não mais por meio de Chico Xavier, ele (o Espírito) veio à nossa casa.

Quem se lembraria daquele fato? Somente eu o testemunhei. Ele disse: "Passaram cinco anos, de adversário eu me tornei aliado: a partir de agora conte comigo, serei seu amigo, porque você não me venceu, você me convenceu, pelas lutas, pelas lágrimas, pelas renúncias".

Portanto, o médium sempre deve ter em vista o trabalho de autovigilância, trabalho de muito cuidado com a sua própria conduta, para então poder exercer a mediunidade.

Desse modo, poderemos levar os companheiros que chegam aturdidos à ação da caridade, a visitar os que sofrem. Nossas cidades têm a região de sofrimentos na periferia. É importante visitar aqueles sofredores que não têm ninguém, em nome do Amigo de quem não tem amigo, para poder granjear méritos capazes de diminuir os débitos que trazemos de existências transatas.

A caridade pode ser realizada por meio do passe, da água fluidificada, também se pode visitar os enfermos, dialogar pacientemente e, sobretudo, excercer a educação da mediunidade no lar, porque será no lar onde o médium será muito tentado, por meio de familiares também perturbados, nubentes, parceiros, membros do clã de natureza biológica; no trabalho, chefes inclementes, funcionários perversos, colegas maliciosos, que são capazes de nos levar quase à loucura.

Quanto me lembro de colegas que zombavam de mim, às claras, quando eu chegava ao trabalho... Diziam-me epítetos muito graves e eu tinha que os engolir. Mas quando tinham problema, recorriam à ajuda, debruçavam-se à minha mesa para pedir orientação. Então, eu achava paradoxal esse ódio-amor, detestavam-me por um lado e necessitavam-me por outro.

Mas em todas essas facécias e em todas essas ciladas, gostaria de avançar para a conclusão, contando também uma experiência muito grave, para que os médiuns vejam que, para exercer a mediunidade, nem tudo é um mar de rosas.

No trabalho que eu exercia no Instituto de Pensões e Aposentadoria dos Servidores do Estado (IPASE), que era uma instituição autárquica dedicada aos funcionários públicos, periodicamente éramos mudados de um para outro setor. E, o setor de previdência era o mais terrível, porque lidar com pessoas aposentadas, com pessoas doentes, com pessoas que vinham reconhecer as suas necessidades, fazer justificativas era muito desgastante, pois as pessoas já chegavam com ódio dos funcionários, como se nós tivéssemos culpa.

Um dia o gerente me chamou e disse: "Olha, Divaldo, você tem muita paciência. Com esse negócio de Espiritismo, você compreende as pessoas, e então eu gostaria que você fosse para o setor de previdência, você vai chefiar esse setor, porque todo dia ocorrem brigas e eu não sei mais o que fazer, e então lá você contorna". Eu fui transferido.

Primeira parte

Mais ou menos no dia de pagamento dos aposentados, uma senhora de idade já avançada — naquele tempo 60, 65 anos era uma idade avançada — muito desgastada, discutia com uma colega, que era uma moça devotadíssima, de grandes valores morais. Levantei-me, acerquei-me, dei um sinal para a funcionária se afastar e perguntei-lhe: "Pois não, em que lhe posso ser útil?".

Ela me puxou pela gravata — porque nós usávamos gravata —, deu-me um soco com o anel, que por pouco não me quebrou o osso da face. Eu então recuei, tirei a gravata, e ela teve uma crise. Eu vi que era uma entidade perversa, reconheci o Espírito, ela estava dominada, em face do ódio, ele encontrou campo. Ladeei o balcão, segurei-lhe os braços; vieram outras pessoas, o sangue começou a escorrer no meu rosto; disse para ela se acalmar, apenas perguntei em que lhe poderia ser útil.

Coitada, ela teve uma crise terrível, foi levada para o ambulatório e eu fui fazer o curativo.

Passaram-se os dias, os colegas caíram em mim, sabem como são os colegas: "Aí, Divaldo, foi cantar a velhinha e então a velhinha reagiu e tal...".

Muito bem, virou uma piada.

Eu continuei no setor, tranquilizando uns e outros. Mais ou menos um mês depois, que era o próximo pagamento, ela veio. Era outra pessoa. Veio com o tesoureiro; ele a trouxe. Sentaram-se ao meu lado, junto à carteira, e ela explicitou:

—Vim pedir perdão ao senhor, uma coisa louca me agarrou e eu queria matá-lo, eu vim pedir perdão.

Eu redargui:

— Minha senhora, eu nem me lembro — realmente não me lembrava mais dela, tirei-a da mente —, eu não me lembro da senhora.

— Pois fui eu quem lhe deu aquele golpe. E ficou uma pequena cicatriz. Então, eu venho pedir-lhe perdão, *seu* Divaldo, mas sabe por quê? Eu tenho um câncer de colo de útero —, imagina isso nos anos 50! Eu tenho câncer de colo de útero e faço radioterapia, estou toda queimada e o que recebo aqui de pensão é uma miséria. Eu junto três, quatro meses para poder vir de táxi, receber e voltar para casa de táxi. Então, é uma injustiça muito grande.

Aí ela começou a chorar, o tesoureiro e eu também (eu não deixo ninguém chorar sozinho). Choramos muito, abraçamo-nos. Sorri e falei-lhe:

— Muito bem, mas a senhora está fazendo radioterapia?
— É, irmão Divaldo.
— Vou lhe sugerir que, ao lado da radioterapia, a senhora procure o Centro Espírita tal, nós temos ali um amigo que é um médium curador. Diga-lhe que eu pedi para ele aplicar-lhe passes, vamos arranjar o dinheiro da condução para a senhora por meio de amigos e, depois, quando a senhora vier no próximo mês, nos dirá como está sentindo-se.

O médium curador era um notável amigo passista que tínhamos em Salvador. Encaminhei-a, e ela foi ao Centro Espírita. Fiquei constrangido de enviá-la ao Centro em que eu estava, porque poderia parecer uma coisa desagradável, antiética. No outro Centro, o amigo começou a dar-lhe passes.

Com a radioterapia e com os passes, a verdade é que ela se recuperou. Seis meses depois, quando recebeu alta, o amigo disse-lhe: "Eu estranho o Divaldo tê-la mandado para cá, porque ele também tem um Centro Espírita, ele moureja no Centro Espírita, ele nunca lhe falou?". Ela respondeu que não: "Ele nunca me falou". Pois lhe diga que eu estou devolvendo a paciente e que ele agora continue a cuidar. Coisa mais linda esta fraternidade entre as instituições!

Quando ela me contou, repliquei: "Fiquei constrangido de dizer à senhora que fosse à nossa Casa, eu não poderia assumir um compromisso para o qual não estou preparado".

Mas ela foi trabalhar em nossa Casa e se tornou um anjo tutelar. Nós já tínhamos a Mansão do Caminho e ela se tornou a avó predileta das nossas crianças. O nosso trabalho, na prática da mediunidade, é exatamente esse campo de amor, que deveremos aprender no Centro Espírita, que é o *colo de mãe*, repetindo. É preciso sarar as nossas doenças internas antes de vivermos preocupados com as doenças dos outros.

Sempre me perguntam em todo lugar: "O que é que eu faço para ajudar uma pessoa que não quer ser ajudada?" "Não faça nada", respondo. Se a pessoa não quer ser ajudada, ajude-se e, por meio da sua melhora, você iluminará as pessoas à sua volta.

Então, eu gostaria, nessa conversa muito fraterna, propor aos nossos irmãos que formemos um bloco unitário, todo ele apoiado na Codificação e no que diz respeito aos fenômenos mediúnicos, nesta obra basilar (*O livro dos médiuns*) da fenomenologia paranormal, que é a mais notável de todos os tempos e que permanece ainda um tanto virgem, porque não folheada, nem meditada pelos corações amigos. Dessa maneira, gostaria de desejar a todos muita paz e que, em nossas casas espíritas, o espírito do Cristo esteja presente, para que o exercício da nossa mediunidade seja o da mediunidade com Jesus. O mediunismo é antropológico, a mediunidade com Jesus é espírita.

Muita paz a todos!

(Palavras proferidas pelo médium Divaldo Pereira Franco, em 24 de julho de 2011, no Primeiro Encontro sobre Mediunidade, na sede histórica da FEB, no Rio de Janeiro-RJ).

2
SEGUNDA PARTE

Entrevistas

2.1
Entrevista concedida pelo médium Divaldo Pereira Franco à equipe da mediunidade das Federativas Espíritas

Queridos irmãos e irmãs, o meu abraço fraterno a todos, rogando a Jesus que continue nos amparando e fortalecendo, não só neste encontro, mas em todos os momentos da nossa vida.

As perguntas que se seguem foram elaboradas pelos representantes da mediunidade de diferentes Federativas, encaminhadas a nós, que as repassamos ao Divaldo. Ao todo foram 56 perguntas. Algumas já foram plenamente respondidas por Divaldo em suas preleções de ontem e de hoje.

Outras serão respondidas agora, após seleção realizada pelo entrevistado, consideradas como pontos que seriam úteis para serem reforçados.

Vamos fazer assim: eu faço as perguntas ao Divaldo, ele vai respondendo, durante uma hora e meia, aproximadamente. Após esse período, continuamos com Divaldo, explorando-o, para ele conceder autógrafo nos livros.

Marta Antunes Moura

Marta: Então, iniciamos por uma pergunta enviada pelos companheiros da *Federação Espírita do Estado de Alagoas* (FEAL): "Há muita divergência entre os trabalhadores da reunião mediúnica sobre as comunicações simultâneas dos Espíritos. Alegam uns que é caridade atender a número maior de Espíritos sofredores.

Outros dizem que os médiuns ficam 'perturbados' quando dão passividade a vários comunicados ao mesmo tempo. Poucos concordam que as comunicações são ensinamentos para os integrantes da reunião mediúnica. Divaldo, qual é a sua orientação a respeito?".

Divaldo Pereira Franco: Continuemos em paz. As comunicações simultâneas dependerão expressivamente da disciplina a que sejam submetidos os médiuns. Elas podem ocorrer não como regra geral, mas é evidente que durante uma comunicação na qual a entidade visitante recebe a terapêutica da boa palavra, outro médium, também em transe, pode ser o instrumento de outra mensagem, na qual o Espírito sofredor necessita do socorro para despertar, para enfrentar sua realidade de desencarnado.

O médium seguro não se perturba facilmente, ele não necessita do que, vulgarmente se chama "ambiente". Ele tem o seu ambiente psíquico, tem as suas defesas pessoais. E, em qualquer lugar e a qualquer hora, pode perfeitamente sintonizar com seus mentores, atender às necessidades ambientais em perfeito estado de equilíbrio.

Não deve ser o motivo de comunicações múltiplas e simultâneas o [objetivo] de atender a maior número de Espíritos.

Deveremos ter preocupação com a qualidade do atendimento. De realmente esclarecer, despertar, consolar o comunicante. Porque esse é um trabalho prévio, que continuará depois da reunião mediúnica, quando os médiuns seguros são trazidos de volta, em desdobramento parcial para que sejam encerrados os labores iniciados durante a vigência da presença física.

Segunda parte

Em nossa Casa, no grupo espírita que Chico Xavier trabalhava, tanto em Pedro Leopoldo, como na Comunhão Espírita Cristã, como na Casa da Prece, ocorriam comunicações simultâneas de até três médiuns em transe. Portanto, vai depender muito da disciplina do médium evitando os esgares, a gritaria, os golpes na mesa, a batida dos pés no solo, que não são fenômenos mediúnicos, são distúrbios nervosos.

A comunicação é sempre perispírito a perispírito, e o médium disciplinado consegue canalizar muito bem todos os fluidos perturbadores, sem causar nem distúrbios nem pânico durante a reunião socorrista.

Marta: Outra pergunta também dos companheiros da *Federação Espírita do Estado de Alagoas*: "Há médiuns que só frequentam a reunião mediúnica e não participam de nenhuma outra atividade na Casa Espírita. Nem mesmo a de estudo. Alegam que são experientes, pois praticam a mediunidade há anos. Alguns participam da reunião mediúnica chamada de 'cura'. O que dizer desses trabalhadores?".

Divaldo: Que são trabalhadores imperfeitos, porque, por mais bem formados que estejam não sabem tudo. E as reuniões doutrinárias realizadas na Instituição, constituem-se de valor inestimável para os obreiros da Casa. Aquele que é membro de uma Instituição deve ter compromissos (no plural) com a Instituição. Frequentar apenas a sessão mediúnica não preenche as suas necessidades espirituais.

Além do trabalho mediúnico, devem vincular-se a uma outra atividade, às reuniões públicas, às reuniões de estudo, que são valiosíssimas, porquanto, cada expositor traz suas próprias experiências. Muitas vezes, em torno de um tema que já é muito conhecido do auditório, porém está sendo enfocado de uma forma *sui generis* e que nunca ocorreu a outrem.

Sempre quando estou ouvindo outros companheiros, ilumino-me com as suas reflexões, que são muito diferentes das minhas, e alegro-me quando constato a universalidade do ensino.

Desse modo, o médium tem o dever de frequentar a Casa Espírita, além da atividade mediúnica.

Por que o privilégio? Pelo fato de ser ele médium? Que conduta então nós poderemos propor aos que nos visitam? Elegem um dia de elite e não tem mais nenhum contato? Quem manterá a Casa? Quem a sustentará? Quem pagará o aluguel para que participe das mediúnicas?

É necessário despertar entre nós as responsabilidades para com a Casa Espírita que nos agasalha, que tem necessidade de atender pessoas problematizadas, como já fomos ou como estamos. E, nesse sentido, os companheiros mais "experientes", conforme se classificam, devem estar à frente para o atendimento.

Marta: A equipe da mediunidade da *Federação Espírita Amazonence* (FEA) pergunta ao companheiro Divaldo: "Durante a Codificação, os médiuns tiveram papel importante na transformação da Humanidade, à luz do Consolador Prometido. Qual será o desafio dos médiuns, em tempo de maioridade das ideias espíritas, em atenção aos imperativos da hora de transição?".

Divaldo: Aqueles médiuns da primeira hora, desequipados do conhecimento espiritual, ofereceram-nos a grandeza filosófica, científica, e ético-moral-religiosa do Espiritismo, demonstrando que eram realmente instrumentos dúcteis que conseguiam filtrar quase à perfeição os conteúdos originados no Mundo Espiritual. E Allan Kardec, sempre sábio, poupou-os de nomeá-los nas comunicações de que se fizeram instrumentos. Exceções nós vamos encontrar em *Obras póstumas,* quando ele narra, nas suas anotações pessoais, as comunicações por intermédio deste ou daquele médium.

Mas nós não sabemos qual foi a vida, depois de publicado *O livro dos espíritos,* das irmãs Baudin, as duas meninas notáveis que, na residência do seu pai, cooperaram ativamente para a elaboração de *O livro dos espíritos.* A senhorinha Japhet, mais tarde, terá oportunidade de vincular-se a Alexander Aksakof e tecer comentários, nem sempre justos, em torno do próprio Codificador. Outros, como Aline Carlotti e seu pai, deram algumas comunicações.

Hoje, graças à facilidade da imprensa, da comunicação virtual, os médiuns têm uma alta responsabilidade: tornar-se exemplo daquilo de que se fazem instrumentos. Não lhes basta oferecer comunicações, porém, aceitá-las para si primeiro, antes dos outros, as mensagens de que são portadores, vivendo-as. Porque, nesse momento em que vão ocorrendo os fenômenos de transição, de provas e expiações para mundo de regeneração, é claro que os mensageiros do Senhor, que estão preparando esse caminho, necessitam de pessoas-exemplo, para que, aqueles que nos acompanham, possam ter referências espirituais, e não apenas teorias.

Marta: Outra pergunta da *Federação Espírita Amazonense.* "Que orientação devemos dar às pessoas de outras religiões que são médiuns, mas que não querem ser espíritas, e apenas procuram a Instituição pedindo ajuda para se 'livrar' daquelas percepções?"

Divaldo: É sempre comum as pessoas desejarem transferir a carga de que são portadoras para os ombros de outros indivíduos.

Deveremos ser francos e honestos, sem ser rudes nem grosseiros. A mediunidade não pode ser tirada por outrem. É uma responsabilidade que diz respeito a cada um. Seria o mesmo que eu pedisse a alguém que me desse mais memória, que me desse uma boa dose de inteligência ou que me retirasse a inteligência que eu tenho, porque fazendo-me pessoa lúcida, ela está me sendo prejudicial.

É um pedido de natureza psicológica infantil, por meio da qual a pessoa deseja libertar-se de uma faculdade que é inerente à sua organização fisiológica.

Então, deveremos dizer que isso não existe. É um pedido absurdo. E que a pessoa faça da sua vida o que lhe aprouver. Assim, se alguém tem uma problemática no pulmão, vai procurar um pneumologista e ele dará a orientação própria ao paciente.

Se o indivíduo deseja libertar-se de tendência artística ou cultural, não irá pedir a ninguém que a anule, ele próprio terá que fazer o seu trabalho. Então, teremos que ser coerentes com os princípios básicos do Espiritismo, que são esclarecer, libertar e conduzir.

Marta: Tem uma outra pergunta aqui, que, de uma maneira ou de outra, foi feita por alguns companheiros de várias Federativas. Eu vou colocar a pergunta que foi elaborada pela *Federação Espírita*

Segunda parte

do Distrito Federal (FEDF), mas que abrange a mesma ideia dos outros, dos demais irmãos. "Divaldo, que medidas tomar em relação ao médium psicofônico que tem muita dificuldade em se libertar dos fluidos enfermiços dos Espíritos manifestantes?"

Divaldo: Solicitar que, no momento em que termine a comunicação, ele mude de atitude mental.

Enquanto ele preservar-se na evocação do fenômeno, experimentará a energia boa ou má de que foi instrumento. No momento em que ele mude de paisagem mental, aqueles fluidos serão dispersados. Mas, se por acaso ele não o lograr, é de bom alvitre que terminada a reunião, que terminado o momento das comunicações, ele receba um passe. Na reunião mediúnica, sempre devem estar médiuns passistas. E, ao receber o passe, ele se liberta, se não se libertar, é uma fixação pessoal. É, portanto, um distúrbio psicológico e não mediúnico.

Marta: Divaldo, a *Federação Espírita do Distrito Federal* também faz a seguinte pergunta: "O que deve ser orientado aos médiuns que não trabalham com certa regularidade a psicofonia, por exemplo?". "E o que acontece com esses médiuns que apresentam intermitências insistentes?".

Divaldo: Ele é médium sempre, frequente ou não frequente, ele é médium. Se é um médium leviano, participa das reuniões como quem vai a um clube, ele estará sempre assessorado por Espíritos fúteis, que se utilizam da sua irresponsabilidade para poder perturbá-lo. Cabe ao diretor da reunião privá-lo de assistir aos trabalhos.

Nós temos como método de disciplina: se o participante mediúnico ou cooperador falta três sessões continuadas sem motivo justo, nós cancelamos a sua presença e abrimos vaga para outro.

Não podemos ficar sendo coniventes com pessoas levianas, que ocupam lugares que podem ser aproveitados por pessoas interessadas na prática do bem. E como as sessões mediúnicas invariavelmente estão com um número reduzido de participantes, não podemos tolerar ser coniventes com uma conduta dessa natureza.

Temos de dizer que a nossa reunião é uma coisa muito grave, é muito séria, e as pessoas que não estiverem dispostas, não firmaram nenhum contrato, deixam de participar, é um direito que elas têm. Mas os diretores também podem afastar aqueles que não correspondem às orientações.

Por essa razão, vale a pena ter uma normativa para a reunião mediúnica. Ter qualquer pequeno estatuto, que seja como um estatuto interno para quem vai participar das reuniões ler, aceitar ou não, participando ou declinando da oportunidade.

Nós necessitamos compreender que tolerância não é conivência e que o nosso falar deve ser sim, sim; não e não.

Marta: A *Federação Espírita do Estado de Goias* (FEEGO), pergunta o seguinte: "Em *Obras póstumas*, primeira parte, itens 11 ao 33, constam as informações de que a expansibilidade do perispírito permite o processo mediúnico, e que o perispírito é o agente dos fenômenos espíritas que só se podem produzir pela combinação dos fluidos que emitem o médium e o Espírito comunicante. Essas informações encontram consonância com o ensino, em *O livro dos médiuns*, item 100, inciso 26, que informa: a faculdade mediúnica depende da maior ou menor facilidade que tem o fluido da pessoa para se combinar com o do Espírito. A pergunta, então, é a seguinte: Gostaríamos que o nosso estimado amigo Divaldo Franco relatasse um episódio em que houve dificuldade de assimilação entre os perispíritos, do médium e do Espírito, e como os amigos espirituais agiram para efetivar a assimilação perispirítica?".

Divaldo: Eu tenho uma experiência muito curiosa, ela se repetiu duas vezes. A primeira vez aconteceu na França, quando fui visitar a cidade de Lisieux e estive no monastério de Terezinha de Jesus e, igualmente, na catedral que lhe recorda a memória. Estava sentado, ali, meditando, quando a benfeitora Joanna de Ângelis disse-me: "A nossa querida amiga das rosas gostaria de dar uma mensagem à Terra".

Ela já tem se comunicado por outros médiuns. Como na minha pasta tem sempre material, na época lápis, hoje, esferográficas, e papel para qualquer emergência, eu então peguei a pasta, coloquei no colo e, discretamente, reclinei-me no banco e coloquei o material como se fosse uma mesa improvisada, e sentei-me.

Então, senti-me deslocar do corpo. E vi algo muito curioso. Eu via uma luz muito forte que vinha de um ponto qualquer do infinito, a uma regular distância, eu via o Espírito Joanna de Ângelis concentrado. Essa luz penetrava-a e descia na minha direção. No momento em que me alcançou, eu comecei a escrever. Escrevi, encerrei, e o Espírito firmou (assinou).

Ao terminar, quando comecei a ler a mensagem, a querida benfeitora disse o seguinte: "Como o seu perispírito ainda é muito grosseiro, não tem a capacidade de sincronizar com o psiquismo da veneranda entidade, então, eu fui médium dela. E você foi o meu médium".

Foi, assim, uma mensagem de intermédiuns: daquela Entidade venerável, por meio de um Espírito trabalhador, para um companheiro encarnado.

Mais tarde, isso se repetiu, quando eu visitei a cidade italiana de Padova, ou cidade de Pádua. Adentrei-me a igreja dedicada a Santo Antônio, que é uma das catedrais mais bonitas da Itália, depois daquelas outras que são célebres.

Eu estava sentado meditando, orando e lembrando a vida de Santo Antônio — porque, quando eu fui católico, fui muito devoto de Santo Antônio e, no mês de junho, rezava as trezenas, que eram 13 noites de cantorias, e de incenso —, quando subiu e desceu o precioso incenso...

Estava eu ali agradecendo, quando de viagem a Milão, e os amigos foram gentis em passarem por Pádua. Comecei, então, a meditar na sua vida (de Santo Antônio).

Então, Joanna me disse: "O nosso benfeitor deseja mandar uma mensagem aos médiuns. Porque como ele foi médium e esteve lutando muito contra as forças tenazes do Mundo Espiritual inferior, ele deseja mandar uma mensagem para advertir os médiuns".

Repetiu-se o mesmo fenômeno de Lisieux: entrei em transe, desdobrei-me, vi a igreja, vi a luz, vi também Joanna numa posição intermediária, entre ele (Santo Antônio) e mim. Ela coava as ideias, colocando-as em palavras, verbalizando-as, enquanto meu corpo escrevia.

Segunda parte

Os Espíritos Superiores não falam como nós falamos. Emitem ondas mentais que, em determinadas faixas, estão dispensadas verbalizações, orais e gráficas. Eles se olham e transmitem (as ideias) em ondas vivas de terceira dimensão. É algo impressionante, porque em vez de ser a palavra que emoldura o fato, é o fato em si, em toda a sua plenitude. Então, meu cérebro não tinha condições de decodificar naquele momento o pensamento dele (Santo Antônio), ela (Joanna de Ângelis) decodifica, verbaliza e transmite mensagens.

Então, foram duas mensagens marcantes que, oportunamente, publicamos.

Uma terceira experiência foi numa reunião em que uma entidade perversa deveria ser trazida, mas os seus fluidos eram muito grosseiros. A faixa vibratória era muito baixa, por causa da sua tremenda sensualidade.

Vou dar uma ideia grotesca. Imaginemos que a faixa zero seria a normalidade do pensamento moral da criatura humana. A faixa 20 para cima seria a da pessoa que se esforça para viver o bem, para trabalhar pelos ideais. A faixa 30, dos abnegados; a faixa 100, dos mártires, daqueles guias da Humanidade, encarnados. E os Espíritos em sofrimento estariam em outra onda vibratória, em ondas mais baixas.

Aquela entidade, numa hipótese, estaria 50 pontos abaixo de zero. E eu estaria, numa hipótese, na faixa 20 a 25 acima de zero. Então, o meu tom vibratório era um, o tom vibratório dele era outro.

Que fizeram os Espíritos? Encontraram um padrão vibratório: ao me concentrar, eu ia fixando a necessidade da entidade comunicante, e ia baixando meu teor vibratório até aquém de zero. E os Espíritos emitiam a onda para ele comunicar-se, elevando ou sutilizando a sua energia grosseira até 30 ou 20. E, nesse campo 20-10, nós nos encontrávamos, os dois perispíritos se encontravam. Havia o *plug* na tomada, para dar ideia. Havia o encaixe mediúnico. Ele podia incorporar-se, na expressão tradicional. Então, ele se comunicou.

Ocorre, aí, muitas vezes, o choque vibratório no perispírito, que impede algumas comunicações. É uma das razões que nos fazem acautelar-nos nas evocações.

Quando evocamos um Espírito, nem sempre ele pode atender. Se for um Espírito trabalhador, não pode estar às ordens de evocadores. Kardec lograva-o porque tinha uma missão especial, mas nós, que não a temos nesse nível, submetemo-nos às comunicações espontâneas, que Chico classificava: *o telefone toca, de lá para cá. Ao contrário de daqui para lá.*

Então, dentro desse raciocínio, essas entidades, que estão em tal nível vibratório, se nós a evocarmos, não há ressonância em nosso perispírito. Se forem elevadas ou se forem abaixo do teor vibratório, evitemos, deixemos que o fenômeno ocorra naturalmente.

Nas obras publicadas por Chico Xavier, a respeito de comunicações de recém-desencarnados, de drogados, de suicidas, de assassinados, o que causam certo impacto é o pouco tempo entre a desencarnação e a comunicação, não exatamente a situação do comunicante. Eram comunicações filtradas pelo guia do médium ou por Dr. Bezerra de Menezes.

Segunda parte

O Espírito transmitia ao Dr. Bezerra, na maioria das vezes, por meio do que Chico relatava. E na hora de escrever, dava passo ao comunicante. Porque alguém que tem uma desencarnação por suicídio não tem lucidez para narrar o próprio acontecimento. Alguém que foi vítima da insensatez de uma overdose não tem condições, e é Allan Kardec que aborda logo no início de *O livro dos espíritos*, a perturbação espiritual.

O perispírito está tão impregnado de fluidos deletérios que ele sente dores, que seriam como dores físicas, que ele continua sofrendo como se estivesse no corpo físico. Então, numa sessão mediúnica séria, os benfeitores fazem esse trabalho de conseguir um padrão vibratório consentâneo às possibilidades da comunicação.

Marta: Exemplos bem ilustrativos. Nós temos aqui duas perguntas que nos foram enviadas pela *Federação Espírita do Maranhão* (FEMAR). Vou pedir licença aos companheiros da FEMAR para fazer as duas ao mesmo tempo, pois, no nosso entendimento, uma complementa a outra. A primeira pergunta é: "Na prática mediúnica, como fazer a diferença entre o que é mediunidade e o que é transtorno mental?". A segunda pergunta é: "Qual a diferença entre doença mental e obsessão?".

Divaldo: Assevera Manoel Philomeno de Miranda, Espírito, que a fronteira é muito tênue. O que devemos ter em mente é que o portador de uma mediunidade atormentada, o indivíduo que traz evidentes sinais de psicopatologias, o que traz transtornos emocionais, é um devedor. É um Espírito doente. Sendo um Espírito doente, quando reencarna, o seu perispírito programa, nos neurônios cerebrais, a necessidade do resgate. A idiotia, a imbecilidade, a esquizofrenia, o transtorno depressivo, estão ali impressos como necessidades de resgate. Mas como ele tem sensibilidade mediúnica, abre-se também a porta para o fenômeno de natureza obsessiva.

Estamos, então, diante de uma realidade dupla, com uma causa única, o devedor. A terapia para esse indivíduo será a acadêmica, ao lado da terapia de natureza mediúnica. Então, o nosso trabalho junto a médiuns atormentados é o da caridade fraternal. Portanto, são os médiuns de provas que trazem problemas mediúnicos que não se resolvem durante toda uma existência.

É de considerar que o médium é o devedor e a mediunidade, um expurgadouro, por meio do qual, pelos sofrimentos que lhe são impostos, ele vai lentamente recuperando-se.

Mas, ainda não é possível, no atual estado da evolução científica, colocar uma fronteira no que diz respeito a um transtorno mental, um emocional e um de natureza obsessiva. O transtorno obsessivo pode abrir um campo para o mental e o emocional. Assim como o transtorno emocional e o mental podem abrir campo para, simultaneamente, o obsessivo.

Todo e qualquer mister terapêutico terá que ser a transformação do Espírito para melhor, para que mude de faixa vibratória, liberte-se do adversário e pelo bem que faça, recupere-se da dívida.

Marta: A *Federação Espírita de Mato Grosso do Sul* (FEMS) envia esta pergunta: "Mulheres que já frequentavam uma reunião mediúnica e ficam grávidas poderão continuar nesta tarefa?".

Divaldo: Sem dúvida, elas continuam mulheres, mas grávidas, antes sem gravidez e agora grávidas. Podem e devem continuar.

Há uma lenda, em torno da qual isso seria prejudicial ao feto. O feto não está ligado à mulher pelo perispírito, está dentro de um corpo físico, com seu próprio perispírito.

Se ela (a mulher) for médium, pode dar comunicações tranquilamente até o momento em que a postura física seja incômoda. Uma mulher com sete meses de gravidez naturalmente não tem condições de ficar uma hora, uma hora e meia ou duas numa sessão mediúnica. A postura é desagradável, é cansativa. Não por causa da gravidez, mas por causa dos fenômenos fisiológicos.

Não existe, doutrinariamente, nada que impeça a mulher gestante de frequentar as reuniões, de colaborar. Quando não puder receber por isso ou por aquilo, por uma intoxicação [resultante] do fenômeno da gravidez, ela não dará comunicações. Mas pode e deve continuar frequentando as reuniões até quando as condições orgânicas o permitam.

Marta: A *Federação Espírita Paraibana* (FEPB) enviou uma pergunta que foi elaborada por um aprendiz da mediunidade, um integrante do curso regular de estudo e educação da mediunidade. A pergunta é a seguinte: "Quais os critérios que devem ser usados para pôr término [encerrar] a uma reunião mediúnica?".

Divaldo: A reunião mediúnica deve ter um tempo pré-estabelecido, ela começa com uma prece, faz-se uma leitura, não é uma reunião de estudos, para predispor os membros a uma sintonia elevada, para ter material de reflexão. Essa leitura é, invariavelmente, em *O evangelho segundo o espiritismo*, em acordo com uma pergunta de *O livro dos espíritos*, nunca superior a oito ou 10 minutos, e há previsão de horário para acabar. Eu lhes contarei uma experiência.

Quando nós começamos, sem muita orientação, certa feita, veio a comunicação de um Espírito muito perturbador. E o nosso doutrinador, também inexperiente, não conseguia sintonizar-se com as necessidades do Espírito. Como estava a ver o Espírito, eu pedi licença e prolonguei-me na explicação e etc.

Como temos um horário para terminar, toda reunião das 20h às 21h30, quando estávamos nos preparando para o encerramento, uma entidade também sofredora incorporou em um outro médium e eu automaticamente pedi socorro do Mundo Espiritual para poder interditar aquela comunicação, porque às 21h30 teríamos que terminar a reunião.

O benfeitor que dirigia a reunião disse-me: "O senhor se prolongou demasiadamente. Então, o comunicante estava previsto, são 21h30, nós vamos retirar-nos porque temos compromisso, e o senhor que resolva o problema e aprenda a cumprir horário e descubra que a reunião é terapêutica, não é discurso nem exibição de verborreia". Nunca me esqueci da palavra.

Há reuniões mediúnicas em que se travam batalhas entre o comunicante e o doutrinador, então têm discursos, têm florilégios, têm expressões de debates e quando o doutrinador não convence, ele se sente frustrado.

Segunda parte

Não é um campeonato de insensatez. É um consultório, digamos, um ambulatório de atendimento de emergência, porque o hospital está do outro lado.

Nós fazemos a parte de emergência, porque o trabalho continuará. Quero dizer com isso que, ao se estabelecer o tempo para reunião mediúnica, os Espíritos que se vão comprometer permanecem durante este período, porque, a partir dali, eles vão atender outros compromissos. E eles nunca se atrasam nem antecipam exageradamente.

No ano de 1954, eu tive uma infecção de garganta muito séria. E estando em Pedro Leopoldo, o Espírito Scheilla materializou-se por meio do Chico e me fez uma aplicação de radioterapia, por meio da bioenergética.

Eu fiquei apaixonado pela Scheilla e pelo *edelweiss,* florzinha que ela trouxe dos Alpes suíços, materializada. Ela me deu uma e a tenho guardada até hoje.

Tínhamos as nossas atividades e Scheilla passou a aparecer-me vez ou outra com alguma frequência, a frequência de um mês, três meses, e eu me fascinei pela ternura da Scheillinha.

Certo dia, disse a essa minha irmã: "Você que é secretária do Dr. Bezerra, trabalha com ele, você poderia nos ajudar em uma reunião de passes para atender os sofredores?".

Ela respondeu-me: "Divaldo, o problema é o tempo. Estou na dimensão do fuso horário terrestre e todas as minhas horas estão preenchidas".

Eu propus: "A senhora não poderia aparecer assim, de repente, numa reunião mediúnica?".

Ela elucidou: "Não posso, porque não posso trocar uma atividade por outra. Mas eu vou meditar e vou consultar o benfeitor, o que ele disser, eu lhe transmito".

Ela estava com uma equipe de Espíritos, realizando atividades na selva amazônica. Então, ela sugeriu: "Eu disponho entre 9h30 e 10h da manhã dos domingos". Nós criamos uma reunião das 9 às 10h da manhã, uma reunião pública. Fazíamos uma palestra, das 9h às 9h30. Nove horas e trinta minutos nos acalmávamos e ficávamos meditando, aplicando passes coletivos, quando ela, e uma equipe de passistas espirituais vinham. Aplicavam as energias até 9h55. Quando ela desaparecia, que eu olhava o relógio: 9h55, para dar o tempo de 5 minutos para encerrar.

Então, na reunião mediúnica, quando o doutrinador verifica que o tempo estabelecido está próximo, pode dizer: *Agora os médiuns controlem as comunicações. Estamos chegando ao momento do encerramento da nossa reunião.*

Nós temos por hábito, em nossa Casa, dizermos, em determinado momento: "Agora, que já foram atendidos os sofredores que possivelmente estavam programados, os médiuns concentrem-se para tentarmos receber alguma mensagem instrutiva, que são as mensagens dos guias espirituais, com as quais encerramos a reunião".

Às vezes não vem nenhuma. Nenhum problema, porque ficamos meditando.

Segunda parte

O doutrinador, o expositor — o Espírito Manoel Philomeno de Miranda arranjou um nome muito bonito, porque doutrinador, na Europa, por exemplo, é muito negativo. Doutrinar é impor. Então, o psicoterapeuta de desencarnado diz: "Vamos ficar vibrando pelos doentes, orando, e se alguém sentir alguma comunicação, ele silencia, a mensagem é transmitida". Logo depois é encerrado o trabalho.

Marta: Nós temos aqui duas perguntas. Aliás, uma pergunta, elaborada pelos representantes da *Federação Espírita do Paraná (FEP):* "Nas manifestações físicas, Kardec orienta, em *O livro dos médiuns*, que o fenômeno das comunicações físicas se dá a partir da combinação de fluidos do médium e do Espírito que quer produzir o fenômeno, além da vontade do Espírito, obviamente. Neste sentido, o médium conseguiria intervir no processo, com a sua vontade, fazendo-o cessar?".

Divaldo: Pode sim, porque se ele desconcentra, muda a onda vibratória, o ectoplasma diminui a potência. Mas não deve, porque, desde que ele se predispõe a um trabalho dessa natureza, um consórcio em que dois lados se unem, ele não pode prejudicar a tarefa do outro. Deve submeter-se.

É muito comum, nesses fenômenos de materialização ou de ectoplasmia, os fenômenos chamados físicos, também os Espíritos retirarem o que os indianos chamam *mahaprana*, uma energia da natureza, especialmente de determinadas árvores, para poder mesclar ao fluido animal do médium e à potência vibratória do comunicante, produzindo, então, a maleabilidade do ectoplasma.

Nós vamos entender isso muito bem no capítulo *O laboratório do mundo invisível*, em *O livro dos médiuns*. Então, o médium pode, sim, interferir, positiva como negativamente no fenômeno de efeitos físicos. Mas ele deve considerar que, sendo médium, é manipulável e não manipulador.

Marta: A *Federação Espírita Pernambucana* nos pergunta o seguinte (são duas perguntas): "Como abordar experiente dirigente ou dialogador que não aceita contestação?". A outra pergunta: "Em *O livro dos médiuns*, capítulo 25, *Das evocações*, item 269, Kardec discorre sobre as evocações e manifestações espontâneas. O senhor poderá nos ajudar a escolher qual a melhor forma de proceder nas reuniões de desobsessão?".

Divaldo: No caso do dirigente que não aceita contestação, é reunir a diretoria da Casa para ter um encontro de esclarecimento. Porque ele é um colaborador, não é um ditador. Ele não pode considerar-se impecável a ponto de não aceitar uma sugestão, uma orientação. Afinal, somos todos aprendizes, cada qual numa função transitória. Ele está naquele momento numa função de orientador, mas é um aprendiz da vida, não é um indivíduo completo.

No segundo caso, torna-se necessário que, quanto possível, evitemos evocações, para que não venhamos a ser vítima de embustes, nem de mistificações. Uma aqui, outra vez, poderemos realizar a tentativa, com a ajuda do guia espiritual dos trabalhos. Em vez de fazê-la diretamente, poderemos consultar o mentor das atividades, pedindo-lhe a aprovação para que venha a ter conosco o Espírito tal, que examinará se tem procedência ou não a comunicação.

Podemos imaginar que a pessoa, no Além, esteja muito bem, mas pode ser que não se encontre muito bem. A nossa visão terrena da vida transcendental é muito estreita e quase nunca corresponde à realidade. Porque muitos de nós vivemos uma existência dupla: a máscara da *persona* que impressiona e o ser real que desencanta. E quando desencarnamos, o que é impressionante é que assumimos não a *persona*, mas a realidade.

Naqueles períodos, os de maiores dificuldades minhas com o Mundo Espiritual, por volta dos anos 70, certa vez, uma entidade adversária do Espiritismo disse-me: "Tu sais pelo mundo pregando o Espiritismo, os teus amigos gravam as tuas mensagens, as gravações tiveram origem cá e não aí. Nós aqui também gravamos todos os comportamentos maus, indignos, dos que falam sobre a verdade. Porque quando eles desencarnarem, nós passamos o filme para que eles vejam".

E a partir daí, passei a proceder melhor sozinho do que quando em público.

Afirmava o apóstolo Paulo: "Há uma nuvem que nos acompanha, uma nuvem de testemunhas". E muitos de nós, que nos utilizamos do Espiritismo indevidamente, pelo menos alguns, ao desencarnarmos, somos confrontados com realidades dolorosas.

Vários amigos que eu conheci aqui na Terra contam-me o seu despertar. É exatamente aquilo que a tradição diz: no momento da morte, o indivíduo repassa a vida como num cinemascópio, desde o momento até o começo... É uma verdade.

Muitas informações que estão no inconsciente também são apresentadas pelos inimigos, quando despertamos. Por essa razão, apresenta-se o filme. Depois propõe: *conteste*. Daí muito cuidado com o pessoal da imprensa desencarnado.

Marta: Agora uma pergunta dos companheiros do *Conselho Espírita do Estado do Rio de Janeiro* (CEERJ). São duas perguntas. A primeira é a seguinte: "Conhecendo pelos autores espíritas que, para o atendimento eficaz aos processos de obsessão, deve-se atender, também, a pessoa encarnada envolvida no processo, como estabelecer planos e processos para esses atendimentos, visto que os serviços de atendimento aos encarnados e os atendimento aos Espíritos são atividades afetas a setores diferentes nas casas espíritas?".

Divaldo: Sempre ter-se em vista que o obsidiado é o algoz e que a grande vítima é o atual obsessor.

Os Espíritos me disseram da compaixão que eles têm pelos perseguidores, o que me surpreendeu. E explicaram-me: "Considere que o perseguidor de hoje foi alguém traído, enganado, atirado ao abismo, e que neste cipoal de angústias, se enovelou e, desde aquele momento, sofre, até o atual quando considera estar realizando desforço. Porque esse desforço, essa vingança, essa cobrança é feita com estertores de agonias e, enquanto o algoz teve o período de repouso da reencarnação, sem sofrer até o momento da obsessão, aquele que foi a sua vítima esteve sofrendo".

Nós deveremos primeiro libertar esse desencarnado, despertá-lo para que ele deixe o inimigo, aquele que lhe foi inimigo, em condições de viajar sozinho e enfrentar os débitos que as divinas Leis vão colocar à sua frente. Então a nossa terapêutica com o desencarnado deve ser de compaixão e não de discussão.

Uma vez, dialogando com um Espírito muito perverso, conseguimos êxito quando eu lhe disse: meu irmão, não pense que eu estou com piedade da sua vítima, eu me apiedo de você, você falou que no ano de 1900 aconteceu isso, estamos oitenta anos depois e você está sofrendo, e a pessoa começou a sofrer há pouco. Liberte-se do sofrimento, deixe o seu adversário por conta da consciência.

O Espírito começou a chorar, "Mas está do meu lado?", indagou.

Eu confirmei: "Eu estou do lado do sofrimento e estamos aqui para consolar os que choram e, no momento, é você quem está chorando. Nós temos compaixão por você". E logo distendemos o socorro ao encarnado para que ele passasse a vibrar no bem, a compreender que aquele inimigo era a sua vítima, a ser solidário com a sua renovação.

Então, vale a pena que nas nossas instituições tenhamos, além do atendimento fraterno, que é a porta de entrada, momentos de colóquio com os sofredores, com aqueles que estão com problemas obsessivos, para podermos dar-lhes equipamentos para que se libertem daquela injunção dolorosa porque, muitas vezes, o Espírito desencarnado quer libertar-se e o paciente não o deixa.

Uma moça que frequentou nossa Casa muitos anos, era uma médium admirável, ela recebia o inimigo, e o inimigo havia sido traído por ela, naquele tempo em que casar era fundamental.

Ela era atormentada, porque queria casar e não conseguia nem um bom dia de ninguém.

Então, nós doutrinávamos, o nosso terapeuta falava ao inimigo, e um dia eu pedi licença e expliquei-lhe: "Meu irmão, não volte mais, porque nós não temos mais o que lhe dizer. Você está no Mundo Espiritual, sabe melhor do que nós, você está no mundo das causas. Esta criatura tem sofrido tanto, não volte mais. Eu o entrego à Mãe Santíssima de Jesus, porque ela, que teve a grande dor de ver o filho crucificado, terá compaixão da sua crucificação e da nossa irmã".

Falei-lhe, comovi-me e o Espírito também se comoveu. Ele respondeu-me: "Divaldo, mas o que você está pensando? Eu já desejei deixá-la, mas ela não me deixa, toda vez que eu ensaio abandoná-la, ela diz: agora não, miserável! Depois que você destruiu a minha vida, quando eu chegar aí, você me paga! Peça para que ela não me obsidie mais".

Eu quase caí da cadeira, a obsessora era a vítima, então eu fiquei espantado. Redargui: "Pois nós vamos pedir aos bons Espíritos para deslindar esses liames".

Quando terminou a reunião, eu falei com ela que ele (o obsessor) prometeu não vir mais. Ela reagiu: "Não vir mais? Agora que ele acabou com a minha vida, ele me paga!".

Ela era o obsessor do Espírito. Tivemos que trabalhar muito. Eu disse-lhe que casamento não é tão importante, veja quanto tem se libertado. "Não, Divaldo, não é o casamento. Ele tem-me feito sofrer esse período todo."

Eu esclareci: "Mas você o fez sofrer todo este período e os anos anteriores quando você o traiu com outro homem". Ela esbugalhou os olhos e interrogou: "Eu o traí com outro homem?".

"É lógico, minha filha. Quando um Espírito obsessor impede casamento de solteirona, naquele tempo, é porque a solteirona foi muito divertida."

Segunda parte

Marta: Outra pergunta da equipe da Mediunidade do *Conselho Espírita do Estado do Rio de Janeiro*: "Qual será o procedimento adequado para atender as necessidades do médium novato que chega à Casa Espírita com mediunidade já aflorada? Deve-se encaminhar este médium sempre aos estudos, antes da prática mediúnica, e quanto tempo esse estudo seria considerado razoável?".

Divaldo: Como abordamos em nossa conversação inicial, fazer um atendimento simultâneo — porque se alguém está no surto depressivo não vamos dizer para vir daqui a 15 dias. Temos que atender na hora. Se alguém tem uma crise orgânica, o primeiro que fazemos é dar um anestésico para diminuir a dor, depois examinar a causa da dor. Nas obsessões, vamos diminuir primeiro o impacto e, concomitantemente, encontrar as causas para que sejam removidas. É preciso levar ao estudo da Doutrina e também ao exercício da mediunidade, para ter as suas angústias diminuídas.

Como no meu tempo era muito difícil, eu passei um período imenso sem conhecer as comunicações, frequentando a Igreja, pedindo socorro, e o padre me dizendo: "É o Demônio, ore".

E era pior. Quanto mais eu orava, mais me concentrava, mais eu sofria. Cheguei a criar calo no joelho de ficar diante do altar do Santíssimo Sacramento. Tornei-me zelador, porque a lâmpada do Santíssimo Sacramento não pode apagar nunca. Então, eu era encarregado de colocar óleo e ficar de joelhos pedindo, e, ali mesmo, diante da lâmpada, os obsessores riam, debochavam.

Quando fui à reunião mediúnica, a primeira vez, ah, que maravilha! Quando tive a oportunidade de ir, foi algo tão comovedor, porque eu não tinha a menor ideia do que se tratava.

Naquele tempo, as pessoas eram levadas, embora tenha ido numa reunião muito boa, no chamado Centro Espírita Jesus de Nazaré...

O presidente (do grupo mediúnico) levantou-se, ele era muito surdo, o que era paradoxal, porque era surdo e doutrinava. Não sei como é que ele ouvia, porque doutrinava certo. O Espírito dizia uma coisa, ele rebatia, e era surdo. Ele leu *O orgulho e a humildade*, foi a primeira página espírita que eu ouvi. Eu fiquei tão fascinado, que fiquei olhando para ele, e ele se foi iluminando como uma lâmpada fluorescente, de dentro para fora, todo.

Fiquei tão deslumbrado, que desmaiei. Era o transe. Quando voltei ao normal minha mãe estava chorando. Era meu irmão que me obsidiava.

Então, sentando, minha mãe disse: "Di, José acaba de falar comigo, meu filho". Eu pensei: "Ficou louca". Eu disse, "Mas como?". "Pela sua boca". Eu respondi: "Mãe, eu estava dormindo". Ela então aplicou-me a moderna psicologia, deu-me um beliscão e falou: "Não discuta com a sua mãe!". Ela sempre ganhava: "José falou pela sua boca!".

Então, aquela angústia atenuou, aquela perturbação diminuiu. E, a partir daí, eu fui ler *O livro dos espíritos*, como contei ontem, *O livro dos médiuns* etc. Foi atenuando, a dívida continuou, é claro, os encontros, porém, agora numa outra atitude. Eu conheci as causas, sabia avaliar-me, submetia-me. Então, nós devemos atender o sofredor desencarnado, que é digno de comiseração, e o encarnado, que é necessitado de orientação.

Segunda parte

Marta: A *Federação Espírita de Rondônia* (FERO) tem duas perguntas. Pergunta número um: "Considerando o fator anímico do médium e a exiguidade de tempo para diálogos com os Espíritos, como o médium dialogador, na sua função de psicoterapeuta, poderá contornar uma recusa agressiva ao diálogo, ou ataques à pessoa do dialogador, quando este tenha a percepção de que o médium, discordando da estratégia adotada pelo dialogador, passa a misturar os seus conteúdos emocionais aos do Espírito e toma para si as dores daquele?".

Divaldo: É muito saudável, após a reunião mediúnica, fazer-se uma avaliação dos resultados do trabalho. Perguntar ao médium "O que você sentiu? Naquela comunicação, o que ocorreu?". Também, por sua vez, o médium deve dizer: "Durante aquela comunicação eu estava lúcido, eu dei-me conta de que o nosso orientador, o dialogador, não foi no ponto exato". Assim, ambos se auxiliam.

No caso do médium dessa natureza (citado na pergunta), tem que lhe dizer que ele está interferindo com seus conteúdos pessoais. Que ele tem que usar uma postura neutra, pois a comunicação é do desencarnado. Que ele não tem de se envolver emocionalmente naquele diálogo.

O problema aí não é anímico, é temperamental. É que o médium se acha o dono, como diria Suely Caldas Schubert, "o dono do pedaço". Então, ele se acha proprietário da questão e não quer aceitar as orientações.

Deve-se dizer franca e sinceramente que ele está se comportando mal, e que, da próxima vez, o doutrinador o admoestará.

O fulano reage, porque é ele quem está discutindo com o dialogador, não o Espírito desencarnado. Por incrível que pareça, isso é muito comum.

Eu me recordo, em nossa Casa, que um dos dialogadores era uma pessoa muito gentil, contra quem um dos médiuns tinha uma boa implicância. E toda vez que se comunicava um Espírito por esse médium, e esse dialogador se acercava, o médium agredia-o.

Um dia, eu sugeri:

— Fulano (médium) reaja, porque não é o Espírito, é você.

— Ah! — respondeu.

— Você não deveria ter dito isto!

— Por que não?

— Por que você se aproveita de um pseudotranse para magoar um companheiro? Chame-o à parte, brigue com ele, mas não na hora da sessão mediúnica.

Então, ele respondeu: "Então vou me afastar". Falei: "Muito bem!".

Não afastou nada, ficou bem e hoje somos amigos.

Temos que manter a honestidade: é melhor perder um pseudo-amigo do que perdermos a nossa coerência doutrinária e mantermos um grupo de hipócritas que se detestam fraternalmente, fingindo que está tudo bem, sem estar.

Segunda parte

Marta: A equipe da mediunidade da *Federação Espírita de Rondônia* tem outra pergunta: "Nos grupos de educação e estudo da mediunidade, quando a prática mediúnica está sendo iniciada, diante da dificuldade de se alcançar a espontaneidade por parte de alguns, devemos estimular-lhes a que se lhes permitam a ensaios de incorporação, apesar dos riscos de que essas comunicações sejam inteiramente anímicas, criando condicionamentos futuros, ou devemos apenas dar-lhes um apoio sutil, deixando-os por conta de uma maior espontaneidade?".

Divaldo: Devemos estimulá-los à incorporação, pois no começo o fenômeno é mais anímico do que mediúnico. Exceto nas obsessões.

À medida que o médium vai liberando o inconsciente de fixações depressivas, o fenômeno vai ficando mais mediúnico do que anímico. Mas sempre haverá tintas de animismo nas comunicações. Por mais que seja extraordinário o violinista, este artista vai usar o equipamento que lhe é oferecido. Se ele dispuser de um *Stradivarius*, a peça musical será excelente. Se ele receber uma rabeca, a peça musical será bonita, porque ele sabe tocar, mas sem a beleza daquele violino.

O médium oferece o equipamento. O Espírito envia a onda, e o cérebro do médium decodifica. Então, nós deveremos estimular os médiuns principiantes ao treino da psicofonia, dizendo-lhe: "Diga o que lhe vier à cabeça, e vá deixando espontaneamente fluir a inspiração, até o momento em que você perca o controle sobre a ideia".

Essa repetição irá permitir ao indivíduo quebrar a timidez, de ter o constrangimento de a faculdade ser anímica.

Mas animismo também é Espiritismo, assevera Aksakof. Equivale dizer que o médium é Espírito que tem conflitos, que tem provas, que tem transtornos e, muitas vezes, faz uma catarse.

O dialogador deve perceber o que é próprio do Espírito encarnado e atendê-lo, para que se lhe depure o filtro (mediúnico) e que as próximas comunicações sejam dos desencarnados.

Imaginemos uma letra U, um vaso comunicante, e este objeto é colocado ao ar livre. Vem a chuva, vem o sol, vem a poeira, que sedimentam na parte inferior.

Chamaríamos isso um exemplo grotesco do cérebro. Isso que está sedimentado seria o inconsciente. A parte superficial, o subconsciente. A parte medial, o inconsciente próximo. E a parte de baixo que sedimentou, o inconsciente profundo. Se nós colocarmos água límpida, ela desce límpida, passa pela superfície, leva aquele detrito e sai tisnada. Se continuarmos a colocar a água, ela vai limpando, até que entra pura e sai pura.

As fixações em nosso cérebro estão no campo do perispírito. Quando temos muitos conflitos, eles estão arquivados. Na hora das comunicações, há um tumulto e, é claro, aquilo que é fixação, que é transtorno neurótico, pomos para fora.

Depois de algum tempo, já não temos mais o que pôr para fora. As comunicações serão autênticas. Não sei se me fiz entender. Dessa forma, podemos estimular e vigiar, para que aquilo não fique repetitivo, porque o fenômeno anímico sempre tem as mesmas características: "Ai! estou sofrendo muito! Não aguento mais!". São as nossas queixas.

Quando, na primeira comunicação, isso se der, na segunda e na terceira, digamos ao médium: "Agora, está na hora de concentrar-se no que lhe vier à consciência e não jogar para fora o que você está acostumado a demonstrar nas suas queixas habituais". Sem nenhuma censura, esse é o processo educativo. E logo virão as comunicações autênticas.

Marta: Meus amigos, com essa serenidade do Divaldo, devagarzinho estamos praticamente chegando ao final. Está uma beleza a reunião, a gente fica bebendo os ensinamentos. Mas daqui a pouco nós estaremos chegando aos "finalmentes". Então, temos aqui duas perguntas da *Federação Espírita Roraimense* (FER). A primeira é: "Que prejuízos para o trabalhador e para a Casa Espírita poderiam advir da prática mediúnica regular, de um mesmo trabalhador, em mais de uma Casa Espírita?".

Divaldo: Não há um prejuízo característico, mas esse médium está transitando em campos vibratórios muito diferentes.

Se ele dispõe de tempo para frequentar duas Instituições, permaneça numa delas trabalhando em maior profundidade, porque não se servem bem a dois senhores.

Ele pode cooperar com outras Instituições, mas sem ter um compromisso formal. O compromisso formal é com aquela Instituição com a qual nós nos vinculamos.

Se ele tem potência mediúnica capaz de participar de mais de uma reunião, e se no seu Centro tem mais de uma reunião, ele fica em duas. E se não tem, aquela energia ele aplique no setor de trabalho daquela comunidade na Instituição que já frequenta.

Não é negativo, mas não é produtivo ele participar de duas Instituições, simultaneamente, no serviço da mediunidade socorrista.

Marta: A outra pergunta (a anterior foi relativa a duas casas espíritas diferentes) diz o seguinte, agora: "Haverá alguma inconveniência na participação do médium psicofônico em duas ou três reuniões mediúnicas semanais de maneira regular?".

Divaldo: Três parece-me que seria um pouco de exagero, pois não devemos ter também a preocupação de salvar o mundo em 15 dias. É necessário preocuparmos em salvar-nos.

Eu sempre tenho em mente essa proposta de Jesus: "Do que vos vale salvar o mundo e perder a própria alma?". Se a pessoa pode participar de três reuniões mediúnicas, faça-o duas vezes por semana para preservar, também, os seus conteúdos energéticos, para não desgastar as suas forças desnecessariamente. E, naquele outro dia, em que dispõe de tempo, procure fazer algo de outra natureza.

Chico Xavier participava de duas reuniões públicas, depois ele adicionou a reunião de socorro, de visita aos necessitados. Eram às segundas e às sextas-feiras as reuniões. Sábados à tarde e à noite ele visitava os sofredores. E uma mediúnica às quartas-feiras.

Dona Yvonne Pereira sempre tinha o cuidado de frequentar uma reunião mediúnica e uma doutrinária. E quando as dificuldades se lhe tornaram muito graves, residindo aqui no Rio de Janeiro, no bairro da Piedade, ela mantinha suas atividades mediúnicas por meio da psicografia, que era uma das faculdades muito especiais. Porque dona Yvonne do Amaral Pereira foi um dos médiuns mais notáveis em desdobramento da personalidade.

Ela sentava-se numa cadeira comum, de balanço, reclinava a cabeça e desdobrava-se. Fazia as chamadas viagens astrais. E estava sempre presente nos lugares que desejava conhecer. Depois, ela era informada.

Léon Tolstoi levou-a várias vezes à Rússia, em desdobramento. Apresentou-lhe uma obra, dialogou, para poder facilitá-la na psicografia do livro notável, que é *Ressurreição e vida*.

A literatura mediúnica de dona Yvonne equipara-se às melhores que existem no ângulo da mediunidade, porque é excelente. E os testemunhos, que poucos sabem. Dona Yvonne foi um testemunho vivo de abnegação. Era de uma fidelidade à Codificação, incomum.

Nos anos de 1955, 1956, 1957, quando as juventudes espíritas estavam no auge do seu movimento, surgiram ideias bastante perigosas e ela levantou-se para chamar atenção da fidelidade aos postulados kardequianos.

Um emérito escritor levantou-se e ironizou-a. Ela, com temperamento forte, conhecedora profunda das obras complementares — Gabriel Delanne, León Denis, por quem era apaixonada, Aksakof, Cesare Lombroso, e outros, sem se defender, ela defendia o ideal da pureza doutrinária, sem usar este nome, mantendo fidelidade aos postulados espíritas.

Ela me confidenciou um dia, e gostaria de relatar, sobre o holocausto dos médiuns.

Ela sempre teve muitas dificuldades financeiras, trabalhou muito na máquina de costura. Quando a conheci em Belo Horizonte, no bairro Sagrada Família, ela estava com o braço quebrado, foi no ano de 1957. Eu fui visitá-la com a família Abreu. E ela disse que aquilo era resultado de um empurrão, que um adversário espiritual havia aplicado e ela havia quebrado o braço — para ter dificuldade de trabalhar e ganhar o pão.

A FEB havia publicado *Memórias de um suicida*, que foi extraordinário. Ela esperou mais de trinta anos, porque era necessário que antes viesse *Nosso lar* e a coleção do Mundo Espiritual firmados por André Luiz, para poder entender-se o Vale dos Suicidas e outras informações.

Naquela noite, nós fomos a Pedro Leopoldo, o Senhor "Abreu das Canetas", como era conhecido, porque tinha uma casa comercial na Avenida Principal de Belo Horizonte e dona Dolores, que era uma médium clarividente, quase cega, mas portadora de uma mediunidade espantosa.

Estávamos lá, em Pedro Leopoldo, terminou a reunião pela madrugada e Chico segurou as duas mãos de dona Yvonne e falou: "André Luiz está dizendo para lhe esclarecer que nos últimos quarenta anos a obra mais importante da mediunidade foi *Memórias de um suicida*, que permanecerá imbatível nos próximos cinquenta anos. Escreva mais e continuamente".

Segunda parte

E ela continuou escrevendo. Quando eu a visitava aqui, no Bairro da Piedade, sempre que eu vinha ao Rio, um dia ela me contou entre lágrimas: "Ninguém conhece o martírio dos médiuns. Todos nos veem sorrindo e nos consideram pessoas especiais".

Um momento houve na sua vida em que ela experimentava a solidão. Experimentava dificuldades alimentares, e outras, apesar da bondade da sua irmã e dos seus familiares que a receberam em casa, deram-lhe um apartamento confortável na residência em que viviam. A sua irmã e seu cunhado eram pessoas excepcionais. Um dos seus sobrinhos era do Conselho Federativo da Federação Espírita Brasileira, um homem de bem. Pois bem, ela disse que estando aqui no Rio, oportunamente, estava na Cinelândia, quando se identificou com um oficial de Marinha e passou a ter namoros, namoros que eram muito complicados naquela época.

E certo dia, ela atravessava um período de muita dificuldade econômica e, estando com ele na Cinelândia, havia um restaurante e ele a convidou para almoçar. Era um domingo e ela aceitou de imediato, porque estava precisando de um almoço robusto. Então, muito alegre, procurou justificar-se, mas aceitou. Quando os dois iam entrando no restaurante, Charles, um dos seus Espíritos guias, estava à porta, sorriu para ela e perguntou:

— Aonde vais?

— Almoçar!

— E como pagarás?

— Ele vai pagar por mim.

— E quando ele te pedir para que tu pagues, como é que tu vais pagar?

Ela, então, teve um choque. "Yvonne, na vida social tudo são trocas, raramente existem doações sem objetivos de permuta. Tu tens o direito de fazer da tua vida o que te aprouver. Se entrares com ele, eu sairei, mas se saíres comigo eu nunca te abandonarei."

Ela, então, segurou a bolsa e disse: "Eu vou ali e volto já".

E não voltou até hoje.

Então, ela me afirmou: "Divaldo, a fome, a dor moral, era meu primeiro namorado, você não imagina!".

E ela teve a alta felicidade de encontrar uma alma querida nesta encarnação, graças ao Esperanto, esta nobre língua da Humanidade.

Então, ela se correspondeu com um homem em Varsóvia, e o homem se redescobriu, apaixonou-se por ela, era mais jovem, e ela já não era adolescente, até ocultava-lhe a idade, aqui pra nós. Mas isso é muito feminino, a mulher que não oculta a idade não é feminina, é desequilibrada (risos). Pode ocultar um pouquinho. Cinco, dez, até vinte anos, não faz mal nenhum.

Ele informou que vinha conhecê-la, e ela pediu pelo amor de Deus que não viesse. Digamos que ela estivesse com 75 anos, na época, ele deveria ser um homem de menos de 40, e correspondiam-se em Esperanto.

Ela me contava com emoção. Era uma pessoa alegre, jovial, espontânea e verdadeira. Ela não mandava recado, ela dava o recado direto.

Então, eu deslumbrado, ouvindo dona Yvonne, que prosseguiu: "Ele teimou que viria. Marcou a data". E explicou que possivelmente não estaria aqui, estaria viajando etc., e ele foi visitá-la, na Piedade.

Ela combinou com dona Amália, sua irmã, para dizer que infelizmente tivera que viajar para o interior de Minas, pobre Minas, oeste de Minas. Mas ficou curiosa. Então, a varanda tinha uma porta, janelas com persianas. Ela ficou do lado de dentro olhando aquele cavalheiro, falando em Esperanto — em que dona Amália tinha muitas dificuldades. Mas ele tentava explicar-se, e ela olhando-o falou-me: "Meu filho, o coração estava despedaçado. Mas quando me virei, Charles estava comigo e disse: Vê, sou fiel".

Ele ficou três dias no Rio, não a viu. Voltou (à Varsóvia). E pouco tempo depois, ele desencarnou e, claro, ela manteve contato com ele no Mundo Espiritual.

E ontem, quando nós estávamos aqui, com o querido esperantista [Affonso Soares], falávamos sobre dona Yvonne, quando ela me apareceu, com o polonês.

Portanto, esperança para quem sofre solidão. (Risos)

Vejam, de uma forma fascinante, essa mulher admirável foi uma grande médium. Desde os 3 anos, ela sofria perseguições terríveis dos inimigos que a levaram ao suicídio, em Portugal, conduzindo-a, por consequência, ao Vale dos Suicidas, onde esteve. E teve a oportunidade de vir relatar depois nesta existência. E apresentar uma trilogia das mais belas, na forma de romances: *Nas voragens do pecado*, *O cavaleiro de Numiers*, *O drama da Bretanha*.

Marta: A *Federação Espírita Catarinense* (FEC) pergunta ao Divaldo: "Considera importante que o Centro Espírita promova estudo teórico da mediunidade para todos os tarefeiros, mesmo os que não exercem ou não pretendem exercer atividades diretamente relacionadas à prática mediúnica. Por quê?".

Divaldo: Sem dúvida. Somos todos médiuns e é evidente que necessitamos entender os seus mecanismos.

Muitas vezes, temos vários distúrbios orgânicos, comportamentos psicológicos perturbadores, transtornos emocionais e atribuímos necessidades de terapêuticas acadêmicas. Se conhecermos bem os mecanismos da mediunidade, as síndromes, como se manifestam os fenômenos, é claro que poderemos cuidar com mais segurança da nossa própria manifestação mediúnica.

Então, as dissertações mediúnicas, os estudos de mediunidade devem fazer parte do currículo do Centro Espírita, nas aulas que dizem respeito às orientações básicas do Espiritismo, para que todos estejam informados.

Como é que um espírita militante frequentador vai orientar um médium que chega, se ele não conhece nada de mediunidade?

É válido, portanto, que os centros espíritas reservem, para todos, os cursos que estão abertos, sejam de conhecimento meramente doutrinário, sejam de conhecimento específico da mediunidade, das obsessões, das desobsessões, da evangelização infantojuvenil, para que nos informemos de todos os conteúdos espíritas que nos sejam possíveis. Vale a pena.

Marta: A Equipe da Mediunidade da *Federação Espírita Catarinense* nos enviou outra pergunta: "Diante do problema da obsessão, na sua opinião, os centros espíritas da atualidade estão difundindo com eficiência o aspecto preventivo do Espiritismo tão enfatizado por Allan Kardec, em *O livro dos médiuns*?".

Divaldo: Até onde minha mente pode alcançar, sim. Hoje, nós espíritas estamos muito conscientes dos nossos compromissos. Se existem algumas instituições não bem fundamentadas, ainda é normal.

Graças ao Conselho Federativo Nacional (CFN), hoje o nosso trabalho tem unidade. Nós podemos observar que a preocupação do CFN é de orientar, na unificação, a mesma prática em todos os lugares. E as orientações que vertem cada ano a respeito das problemáticas do Centro Espírita são de muita segurança. O que tem proporcionado a nós, os visitadores de instituições espíritas, constatarmos que estamos falando mais ou menos a mesma linguagem, com a mesma responsabilidade.

As exceções fazem parte, naturalmente, dos fenômenos normais de quaisquer realizações quantitativas.

Creio que estamos correspondendo bem.

Marta: As duas últimas perguntas foram enviadas pela *Federação Espírita do Estado do Tocantins* (FEETINS). A primeira pergunta é a seguinte: "Como orientarmos aqueles médiuns que estão magoados ou até mesmo tristes com o companheiro do grupo mediúnico, haja vista que o Evangelho nos diz que: *Antes de sentares à mesa do Pai, vá e reconcilia-te com os teus desafetos?*".

Divaldo: Temos que dizer ao companheiro que ele não tem o direito de tornar-se inimigo de ninguém, mas é inevitável que ele tenha inimigo.

Não podemos evitar que não gostem de nós. Mas podemos evitar ter a manifestação de repulsa pelo outro. O médium tem um sistema nervoso muito especial, não apenas o sistema nervoso central, mas também o sistema endocrínico. Essas sutilezas de equipamentos considerados eletrônicos, "pelos especialistas do Além", tornam os médiuns pessoas muito sensíveis. Razão pela qual ainda são chamados de sensitivos. E muitas ocorrências que, na pessoa comum, no biótipo normal, sucedem sem deixar marcas, no médium, elas têm um caráter mais danoso quando negativo e mais abençoado, quando positivo.

Então, teremos que conclamar o companheiro médium, para que ele saia dessa sensibilidade e condicione-se a viver num mundo muitas vezes hostil, mantendo sempre a mesma postura de equilíbrio, mesmo que isso lhe constitua uma crucificação invisível.

Guardar ressentimento é colocar morbo pestífero no psiquismo, para dificultar na tarefa da mediunidade e para gerar somatizações orgânicas que viram doenças. Não nos cabe, a ninguém, guardar ressentimentos, e muito menos aos médiuns, que devem ser instrumentos muito delicados e muito dignos, porque nosso exemplo é Jesus, que foi aqui na Terra o médium de

Deus. Como guia e modelo, nós temos que nos aproximar, o máximo possível, sem guardarmos ressentimentos.

Certa vez, Chico Xavier nos contou algo que nunca pensei que acontecesse com ele, porque na minha existência e na de todos acontecem coisas muito desagradáveis que vamos silenciando.

Mas Chico estava certo dia na cozinha da Comunhão Espírita Cristã, onde tomava um cafezinho e dialogava com todos. Ele narrou um fato de ordem mediúnica.

Percebeu, então, que um dos presentes parecia estar recebendo aquilo como se fosse para ele, para si. Ficou pálido, apresentou uma expressão de espanto e o Chico continuou a narrativa, porque não tinha nada a ver com o companheiro.

A partir daí, Chico notou que ele não veio mais às reuniões habituais. Ele era um membro das sessões doutrinárias, das mediúnicas e do atendimento fraterno, na visita aos pobres da região da Vila dos Pássaros Pretos, em Uberaba. Depois de algum tempo, o Chico ficou impressionado e, conversando com Emmanuel, disse: "Eu tenho a impressão de que o nosso irmão tomou para ele aquelas referências, pois deve estar magoado comigo".

Então, Emmanuel lhe disse: "Se tu achas que ele está magoado contigo, vai e pede-lhe desculpas".

Então, Chico preparou-se e num dos dias que não tinha atividade, possivelmente uma quarta, uma quinta-feira, ele foi pessoalmente, a sós, à casa do amigo. Chegando lá, bateu à porta e o amigo veio atender. Quando o amigo abriu a porta e o viu, empalideceu. Mas não o mandou entrar, ficou segurando a porta.

Então, Chico lhe explicou:

— Ah, eu vim visitá-lo, posso entrar? — Ele, então, respondeu:

— Pois não, pode entrar. — Mas não o mandou sentar. Então, Chico prosseguiu:

— Fulano, eu vim aqui pedir-lhe desculpas se, por acaso, de alguma forma, eu o magoei. Às vezes surgem tantas maledicências, criam-se fatos que não existem. Se algo houve que o magoou, eu venho pedir-lhe desculpas. — Aí o amigo redarguiu:

— É sempre o Chico Xavier. Cínico, mistificador, vem para cá com essas desculpas, você sabe muito bem o que estou falando. Não vou desculpar não. — Chico concluiu:

— Muito obrigado. Já cumpri com o meu dever. — Saiu e disse que passou dias de muita amargura.

Eu nunca imaginei, embora a experiência, que alguém pudesse dizer isso a Chico, porque aparentemente, era tão amado, tão aplaudido, tão beijado e, ao mesmo tempo, tão detestado.

Em outra vez, ele leu uma comunicação que foi solicitada e, quando terminou, entregou a mensagem à pessoa, que a rasgou. Cuspiu-lhe na cara e atirou-lhe a mensagem: "Mentira! É uma mensagem falsa".

Ele ficou arrasado, na presença dos amigos. Ninguém o defendeu. Nem era necessário. Mas ele ficou muito deprimido e, quando chegou a casa, Emmanuel estava à porta. Ele foi entrando, vendo o amigo e benfeitor, o pai de outras vidas, então as lágrimas jorraram.

Emmanuel perguntou-lhe:

— Por que choras por tudo? — Ele elucidou:

— O irmão não viu aquela cena? O amigo escarrou no meu rosto. — Ele interrogou:

— E daí? Quando isso repetir-se, outra vez, levanta os olhos e dize: 'Ai, eu acho que está chovendo'. E não me venhas com queixas, que não comportam mais na tua conduta.

Então, quando eu ouvi isso, disse comigo: "Haja o que houver, nem que um trator me passe por cima, eu não direi nada. Haja o que houver".

São lições para nós médiuns, as criaturas, os espíritas. Não é perda da personalidade, não é fraqueza moral. Para fazer agir assim é preciso ter muita força moral, porque revidar é do instinto, pisou na pata do cão, ele morde, pisou na do cavalo, ele escoiceia, mas pisou na nossa, nós falamos: "Olá, tire o seu pé de cima do meu", e não damos uma cotovelada.

Daí estarmos na Terra para sermos **o sal da terra**, mas se ele perder o sabor, de nada adiantará.

Marta: E agora vamos fazer a última pergunta, lembrando que foram 56 perguntas enviadas, contribuição dos companheiros das diversas federativas, das quais 25 foram diretamente respondidas. As demais foram naturalmente, espontaneamente, respondidas pelo Divaldo na sua preleção de ontem e na de hoje.

A última pergunta é também da *Federação Espírita do Estado do Tocantins*: "Alguns médiuns, por estudar em casa, acreditam não ser necessário participar de grupos de estudo nas Casas Espíritas. Outros resistem por falta de tempo, pelos trabalhos sociais da Casa Espírita que os obrigam. Como proceder a esse respeito?".

Divaldo: No primeiro caso, o estudo em casa não substitui o estudo em grupo.

Jesus foi enfático: *Quando dois ou três se reunirem em meu nome, eu estarei entre eles.* Ele podia ter dito: *Quando alguém orar, eu atenderei*, mas ele nos conclamou à fraternidade. Por que estudar a sós?

É o tipo da fantasia e do autoengano, é como quem quer fazer certa ginástica, compra uma esteira para correr, durante uma semana, duas e a esteira fica lá apodrecendo, porque não tem motivação. São exceções os que têm esteiras em casa e que continuam sozinhos.

Então, se a pessoa dispõe do tempo para estudar em casa, leve o seu tempo ao Centro Espírita. Se já está bem informada, colabore informando, se está aprendendo, predisponha-se a iluminar-se. É um dever, o dever da solidariedade. Então, que esse indivíduo que dispõe de tempo, participe das reuniões de estudo. São muito salutares. Opiniões, observações, certas reflexões que não lhe ocorrem, ocorrem a outra pessoa.

Segunda parte

Na Mansão do Caminho nós temos muitos auxiliares remunerados. E eu, de vez em quando, vou conversar com eles, aqueles das tarefas menos conhecidas, primeiro para conhecer a sua linguagem, para conhecer os seus dramas, os seus problemas. E quanto eu aprendo com os pedreiros, com os auxiliares de pedreiros, com os marceneiros!

Sentamo-nos na hora do lanche deles e eu lhes proponho: "Perguntem qualquer coisa, o que vocês acham disso ou daquilo". Alguns fazem reflexões profundas que nunca me ocorreram, porque cada um de nós é um exemplar especial.

E aqueles que justificam não dispor de tempo, porque têm muita atividade na Casa Espírita, não se esqueçam da autoiluminação. É muito bom acender o farol da casa alheia, mas não deixar a sua no escuro.

Eu tenho visitado Instituições que deixaram de ser espíritas para serem Instituições de socorro social. É muito válido dar o pão, dar o agasalho, dar o alimento, mas é muito mais importante dar a dignidade.

A tradição é chinesa: *Dar a vara de pescar e não apenas o peixe pescado.*

Que a pessoa divida o tempo de tal forma que haja oportunidade também de iluminar-se, porque se aparecer um *bico*, como se diz, um trabalhinho para ganhar dinheiro, arranja tempo.

Umas das grandes surpresas em nossa cidade são os que dizem: "Quando me aposentar, eu vou me dedicar o tempo todo".

Acho essa conversa tão cansativa, porque eles se aposentam, mas aí arranjam um *bico*, depois entram no crochê, que não voltam mais, nem no período em que estavam quando trabalhavam, porque têm que ganhar. A vida exige muito eletrodoméstico, muito aparelho, muita coisa, educação dos filhos, tal...

Eu digo sempre assim: "E se você morrer?". Resposta: "Deus vai cuidar, não?". Replico: "Ah, é! Então, faça de conta que já morreu e ajude Deus a cuidar. Dê a sua parte, a parte de Deus".

São escusas para permanecermos na ignorância ou no falso conhecimento.

O Espiritismo é uma doutrina tão arrebatadora, embora muito simples, mas não é fácil. O que é simples não quer dizer fácil. É simples viver, mas não é fácil viver. Então a pessoa quando ouve, fala que *já sabe de tudo,* porque tudo é tão lógico. Mas essa é uma visão global, pois visão unitária, de profundidade, é muito mais complexa. E quanto mais estudemos, quanto mais dialoguemos, melhor para o nosso bem-estar.

Eu havia falado, ontem, do documento de Mata de São João, do ano de 1845, do dia 26 de maio. Eu trouxe-o para a nossa querida Federação, porque é um documento de grande significado: sessões mediúnicas em que se falavam com os defuntos e, então, o juiz pediu ao delegado para fechar aquele grupo que se reunia no mesmo dia, à mesma hora. Só não tinha a palavra *espírita* porque esta não havia sido cunhada, ao que merece recordar que foi Allan Kardec quem cunhou as palavras *Espiritismo, espírita* ou *espiritista*.

Segunda parte

Agora ao encerrar, eu gostaria de agradecer, primeiramente a nossa Marta, que se lembrou de nós para este Encontro. Depois, a sempre amada Federação Espírita Brasileira.

Os Espíritos sempre me dizem e, faz muitos anos, quando Dr. Armando de Oliveira era presidente, houve um grande encontro em Natal, no Estado do Rio Grande do Norte e o Dr. Armando foi acompanhado de Luciano dos Anjos (assessor da presidência à época) àquele Evento de alta magnitude. Isso foi por volta dos anos 1970 a 75.

Estava sendo um ano de muitos problemas, havia certa animosidade contra a FEB. E numa reunião pública, em que estavam Dr. Armando, Luciano dos Anjos, alguém, que detestava o espírito de Unificação, que desejava ser o líder, perguntou-me:

— Você apoia a Federação Espírita Brasileira?

— Não, porque eu me beneficio, eu não sou um apoiador, sou um beneficiário. — Aí eu ouvi, nitidamente, o Espírito Joanna de Ângelis me dizer, e eu completei em seguida:

— Prefiro errar com a FEB, a acertar fora dela. Porque se ela estiver errada e eu estiver ao seu lado, talvez eu possa contribuir para retirá-la do erro. Se eu estiver fora, contribuirei para que um patrimônio sublime se perca por miseráveis caprichos pessoais — E nunca me arrependi.

Então, eu tenho um culto de grande respeito pela Instituição e por este edifício [sede histórica da FEB, na Av. Passos, Rio de Janeiro], por onde passaram homens e mulheres notáveis, desde o ano de 1900 e deixaram aqui um grande legado.

Nestes dois dias, eu gostaria de referir-me não apenas à presença dos presidentes do passado, quase todos eles, como também dos trabalhadores da causa espírita, pioneiros, dos estados aqui representados, mas também aos verdadeiros heróis, que enfrentaram, no fim do século XIX, toda a animosidade da Igreja, toda a perseguição dos intelectuais, dos acadêmicos.

Recordar que, durante o Estado Novo, Filinto Müller, então Ministro da Justiça, mandou fechar todos os centros espíritas, incluindo esta Casa. E que o doutor Antônio Wantuil de Freitas e uma comissão foram ao então presidente Getúlio Vargas, tiveram uma entrevista e explicaram-lhe o que era o Espiritismo. Então, o grande gaúcho, sensivelmente tocado, mandou que abrissem não apenas a Federação Espírita Brasileira, mas todos os centros espíritas. E adiu que dona Darcy Vargas, sua mulher, era simpática ao Espiritismo.

Houve lutas que nós não temos ideia, lutas que foram travadas.

O "Pacto Áureo" que foi firmado aqui, em 1949, unindo os espíritas que gostavam muito de discutir, perdendo tempo. Então, deu-se uma aliança de termos. Hoje, aqui, estão os 27 estados no Encontro Nacional de Mediunidade. Então, tudo isso merece muito respeito.

A FEB ainda continua merecendo o maior respeito e carinho dos benfeitores espirituais. Digo isso porque, durante as respostas, vários amigos espirituais vieram ajudar-me e alguns ditaram palavra por palavra.

Mas gostaria de exaltar uma presença em particular. A do médium Giffoni, que aqui está conosco. Ele, agradecendo a

Segunda parte

Deus a honra de ser trabalhador nesta Casa, de ter sido médium de Ismael, nos dias muito difíceis do passado. Ele era um homem de poucas letras e portador de muita sabedoria. Trabalhava na casa da moeda e era um grandioso artista, na sua habilidade. Humilde a ponto de ser humílimo. Então, ele me diz: "Avise aos nossos irmãos, diga-lhes que aqui estou em nome de todos os médiuns, femininos e masculinos, que passaram por esta casa de luz e, agora, frequentamos a Federação Espírita Brasileira, a Casa-Máter do Além, de onde vêm os influxos inspirativos e onde se preparam os futuros presidentes para reencarnar-se e os futuros colaboradores, para poderem vir ajudar na Casa de Ismael".

Ele se faz acompanhar, entre outros, do Marechal Ewerton Quadros que também me disse, durante esta entrevista, que ele exerceu a mediunidade de psicografia. Eu nunca imaginei. E ele enfrentou muitas dificuldades, porque, onde estava, dizia que era espírita e médium de psicografia. Então, esses companheiros nossos, que nos anteciparam na viagem de volta, vêm agradecer a todos e exaltar aqueles trabalhadores anônimos, os médiuns, os dialogadores, os promotores do progresso.

Desde ontem estão também conosco Ismael Gomes Braga e outros heróis do Esperantismo Internacional, participando deste Evento.

E uma coisa que me surpreende muito, de maneira agradável: doutor Bezerra faz-se acompanhar de alguns vultos da homeopatia, inclusive Hahnemann, que estão aqui conosco.

Porque o Espiritismo, o Esperantismo, e a Homeopatia, deram-se os braços no Além para a Era Nova, na implantação das doutrinas médicas alternativas, que agora estão em alta voga, sendo a homeopatia doutrina científica consagrada e o Esperantismo para facilitar o intercâmbio com o mundo.

Então, eu agradeço à Federação em ter-me convidado, agradeço a bondade de todos os senhores, dos amigos que me hospedam aqui no Rio de Janeiro sempre que eu venho, e peço a Jesus que nos abençoe e nos dê muita paz, para que a nossa Doutrina realize o mister para o qual Allan Kardec foi eleito o embaixador das vozes, iniciando a Era Nova, desde 18 de abril de 1857.

Muito obrigado!

Marta: Antes de retornar a palavra ao cerimonial, eu quero, em particular, deixar gravado o meu agradecimento ao Divaldo, que desde o primeiro momento se revelou extremamente atencioso com todos nós, aceitou a todos os compromissos com muita gentileza. Com muito carinho, agradecemos também aos companheiros da nossa Área, a da Mediunidade, que se esforçaram muito para que esse trabalho se realizasse. Aos seus dirigentes de Federativas, que permitiram que todos estivessem aqui hoje, inclusive o Nestor, o Cesar que, respectivamente, como presidente da FEB e coordenador das Comissões Regionais do CFN, viabilizaram esta possibilidade, aqui, na FEB. Agradecimentos extensivos aos demais companheiros da diretoria da nossa Instituição. Muito obrigada a todos.

(Entrevista concedida em 24 de julho de 2011, na sede histórica da
FEB, no Rio de Janeiro-RJ).

2.2
Entrevista concedida pelo médium Divaldo Pereira Franco aos integrantes do Conselho Federativo Nacional

Abertura da reunião

Saudação do presidente da FEB Nestor João Masotti:

Queridos irmãos,
Que haja muita paz em nossos corações!

Estamos aqui continuando a nossa reunião do Conselho Federativo Nacional. E este, para nós, é um dos momentos mais significativos, porque estamos realmente aqui com a representatividade ampla e autêntica do Movimento Espírita brasileiro, com a participação de todos os membros do Conselho Federativo Nacional de todas as Entidades Federativas Estaduais e com a presença também do nosso companheiro Divaldo Pereira Franco e o nosso companheiro José Raul Teixeira. O trabalho de ambos dispensa qualquer informação, já que estão amplamente conhecidos e que estão permanentemente num trabalho de difusão da Doutrina Espírita, da forma mais autêntica, mais adequada, mais compatível com a codificação de Kardec e com a orientação que vem do mundo maior.

Para nós hoje, portanto, este momento especial é bastante significativo e temos a convicção de que ele será bastante rico, espiritualmente falando, para todos nós.

Inicialmente, pedimos ao nosso companheiro José Carlos da Silva Silveira, que é vice-presidente da Federação Espírita Brasileira, para que faça, por nós todos, a prece de início das nossas tarefas.

Prece pelo Senhor José Carlos Silveira:

Senhor Jesus, que a Tua paz se estenda sobre cada um de nós.

Queremos, Senhor, agradecer-Te por esta oportunidade do convívio fraterno em que unimos as nossas vibrações para reabastecer as próprias almas, ansiosas por Ti.

Envolve-nos, Senhor. Derrama sobre cada um de nós a Tua paz.

Que possamos estar em sintonia Contigo, para bem aproveitar estes instantes que nos serão dados na noite de hoje, e, assim, receber de Ti as instruções tão necessárias para o nosso soerguimento espiritual.

Envolve-nos, Senhor, sustenta-nos em nossas fraquezas, para que saibamos agir de acordo Contigo para o nosso próprio bem.

Que os Teus emissários, mentores do Movimento Espírita, coordenadores deste trabalho, nossos amigos espirituais, estejam conosco, envolvendo-nos, sustentando-nos e pacificando nossas almas.

Que assim seja.

Palavras iniciais do presidente da FEB, Nestor João Masotti:

Queridos irmãos, sem mais delongas, vamos passar a palavra ao nosso companheiro Antonio Cesar Perri de Carvalho, que vai encaminhar ao nosso companheiro Divaldo as questões que foram colhidas junto aos companheiros do Conselho Federativo Nacional, e que tratam da direção de centros espíritas e de reuniões espíritas.

Pedimos a todos a gentileza da atenção e, também, o desligamento de qualquer telefone celular para que possamos todos ter a oportunidade de concentrar nas perguntas, nas questões que forem tratadas.

A palavra, portanto, ao Cesar.

Segunda parte

Apresentação do coordenador da entrevista Antonio Cesar Perri de Carvalho:

Boa noite a todos!
Com satisfação contamos, hoje, com a presença do Dr. Divaldo para uma entrevista com o Conselho Federativo Nacional.

No ano 2000, houve uma entrevista do mesmo tipo que, inclusive, gerou o livro *Conversa Fraterna*, publicado pela Federação Espírita Brasileira (FEB).

Nesta oportunidade, estamos planejando que a entrevista também contribua para a elaboração de um novo livro a ser editado pela Federação Espírita Brasileira.

Combinamos com Divaldo que a entrevista seria sobre o tema "Direção de Reuniões e de Instituições Espíritas". Então, é um tema específico, com consulta prévia às Entidades Federativas Estaduais para a apresentação de questões. Coletamos e apenas juntamo-nas quando se tratava de uma pergunta muito semelhante ou idêntica.

Então, começaremos apresentando a Divaldo a primeira questão:

Perri: Considerando o sucesso da temática espírita na televisão e no cinema, qual deve ser a postura do dirigente espírita diante do número cada vez mais crescente de público na Casa Espírita?

Divaldo: Minhas queridas irmãs, meus queridos irmãos, que o Senhor seja conosco agora e sempre.

Eu gostaria de fazer um preâmbulo, narrando um fato que me produziu um grande impacto na época em que eu tomei conhecimento e o narrarei com a minha própria emoção e entendimento.

Quando o papa João Paulo II se encontrava com a terrível problemática da Síndrome de Parkinson, já não podendo apresentar-se ao público, o Vaticano recebeu uma solicitação do Governo de Israel para que ele concedesse uma entrevista ao Rabino mais influente do século XX. Tratava-se do Rabino Meir Lau,[6] um homem extraordinário. Teólogo do rabinato, ele havia granjeado a simpatia de todos os judeus, quer aqueles que se encontravam na Palestina, ou em diversos países do mundo.

Em face da problemática de saúde do Papa, surgiu um grande entrave, pois que ele não tinha condições para falar, para deter-se por muito tempo diante do público, mas se, por acaso, o Vaticano negasse, mesmo com justas razões, seria criada um situação diplomática embaraçosa, porquanto o Papa oportunamente visitara palestinos e judeus, rompendo as dificuldades que se haviam prolongado por séculos entre a Igreja Católica de Roma e aquelas duas nações.

Levado ao conhecimento do Papa a proposta hebraica, ele meditou um pouco e, com muita dificuldade, respondeu que poderia aceitá-la, com duas condições: a entrevista deveria ser breve e, nessa entrevista, ele falaria o mínimo possível.

Estabelecidas as demarchas, os enviados de Israel aceitaram, considerando-se a saúde do Chefe da Igreja Católica.

No dia aprazado, numa sala especial do Vaticano, com a imprensa credenciada, foi realizada a reunião. O Papa postou-se na atitude de um paciente grave, e o Rabino, que contava

---

[6] N.E.: Encontro entre Meir Lau e o papa João Paulo II – Internet – Ou o papaeorabino – slideshare,net/web/o papaeo-rabino-Estados Unidos

mais ou menos 60 e poucos anos, aproximou-se, saudou a todos e começou a entrevista dizendo:

— Excelência — não o chamou de Santidade, conforme recomendava o protocolo —, eu venho aqui para contar-lhe uma história.

"Durante a Segunda Guerra Mundial, no ano de 1942, em uma aldeia no norte da Polônia, os nazistas, fazendo a seleção dos judeus para os campos de extermínios, levaram um pai de família. E, de imediato, ele foi para os fornos crematórios, depois de passar pela câmara de gás. A senhora que ficara com o filho de 2 anos logo percebeu que seriam as próximas vítimas, ela e o filhinho. Sendo uma pessoa muito querida, relacionava-se muito bem com outra dama, que era católica. E sabendo da generosidade dessa mulher religiosa, foi visitá-la e fez um pedido muito singular. Desejava que ela adotasse a criança, pois, tinha certeza que logo mais seria recambiada para o campo de extermínio.

"A senhora católica meditou, e não viu nenhum embaraço em adotar essa criança, que ia educar como seu próprio filho. No momento em que aquiescia, a dama judia lhe solicitou:

"'Há, no entanto, uma questão que lhe quero propor. Meu filho é judeu e eu tenho certeza de que ele veio à Terra para uma missão muito especial. A guerra, por mais que se demore, terá o seu momento final. E, quando ela acabar, eu gostaria de pedir-lhe que mande meu filho para Israel, a fim de que ele possa desenvolver o ministério que Jeová lhe tem dedicado. Você me promete?'

"A dama católica, diante da dor profunda daquela mãe judia, concordou plenamente e levou a criança de 2 anos para casa.

"Naquela semana, a senhora judia foi mandada para um campo de extermínio...

"A guerra prosseguiu com todas as calamidades conhecidas e, ao terminar, no ano de 1945, a dama polonesa, que amava o menino judeu como se fora da sua própria carne, começou a preocupar-se com a sua formação religiosa.

"No ano de 1946, quando a criança completava 6 anos, ela resolveu batizar o menino, tornando-o cristão. Logo, porém, lembrou-se de que se havia comprometido em mandá-lo para Israel por causa da missão que ele teria. Mas, será que isso não se tratava da imaginação de uma mãe que deseja o melhor para o seu filho?

"E depois de reflexionar demoradamente, ela entrou em dúvida. A mulher judia havia morrido sabendo que seu filho voltaria ao grande lar depois da diáspora.

"Ante a dificuldade de solução, resolveu consultar o pároco da aldeia. E, ao apresentar-lhe a questão, o sacerdote lhe explicou:

"'Como cristã, você tem o dever de torná-lo cristão. Como católica, você sabe que, não sendo batizado, ele irá para os infernos, conforme o nosso dogma. É seu dever fazer dele um bom cristão-católico. Mas, na condição de cidadã, você deu a sua palavra. E o verdadeiro cristão é um excelente cidadão. Na postura de uma cidadã cristã, você não pode defraudar a confiança que aquela mulher levou ao túmulo.'

"'Deve mandá-lo, apesar de você ser cristã, para Israel, conforme se houvera comprometido.'

"Então aquela senhora com a alma dorida, mandou o filho para um kibutz em Israel. Manteve correspondência com ele. Visitou-o várias vezes.

"Passaram-se os anos, ela morreu e ele tornou-se um rabino. Esse rabino, Santidade, sou eu. Sou eu, aquela criança judia que recebeu a ternura de uma mulher cristã, católica, mas que foi fiel à sua palavra."

O Papa estava surpreso. Olhava-o com os olhos marejados de lágrimas. Então, o Rabino levantou-se e, juntando as mãos, concluiu a entrevista:

— O mais importante, porém, Santidade, não é isso. O principal é que aquele sacerdote, que lhe deu o conselho, foi Sua Santidade, quando era o pároco daquela aldeia...

Os dois abraçaram-se, envolveram-se em lágrimas. E ficou a lição profunda de dignidade.

Nós, espíritas, temos um compromisso com a verdade. E não podemos, a pretexto nenhum, justificar a nossa infidelidade ao compromisso, seja por qualquer razão que se nos apresente como mecanismo de fuga.

Temos um compromisso com o Senhor da Vida. Porquanto, aqueles que nos encontramos na linha de frente e que experimentamos o combate mais rude, porque somos os que estamos mais expostos, firmamos antes do berço um compromisso reencarnatório de Lhe mantermos fidelidade em qualquer circunstância, e particularmente nas horas mais ásperas, porque é muito fácil ser fiel quando tudo corre bem, aplaudir, quando estamos no destaque da ilusão. Mas perseverar, com os joelhos desconjuntados e com o coração muitas vezes dilacerado, é um grande desafio.

Amamos aqueles mártires que, por trezentos anos, aproximadamente em um número de um milhão, deram a vida ao Evangelho de Jesus.

Foram empalados, queimados vivos, atirados à arena, padecendo as injunções mais penosas, enviados para o exílio, tiveram as famílias destroçadas...

Agora, já não existe mais a arena circunscrita ao local geográfico. A arena é o mundo. Não tem fronteiras. As feras não são trazidas mais da Dalmácia,[7] nem dos países, à época, selvagens. Nós as temos dentro do coração. São as nossas imperfeições, que muitas vezes, através de outros indivíduos, enfurecem-se, agridem-nos e tentam despedaçar-nos.

É nesse momento que a nossa fidelidade deve desempenhar o papel de alta significação, mantendo o compromisso com Jesus e com Allan Kardec.

Vivemos o momento da expansão do Movimento Espírita.

Todos sabemos que, tudo aquilo que cresce, em superfície, perde, em profundidade.

---

[7] N. E.: Região localizada na costa leste do Mar Adriático, na Croácia.

Segunda parte

À medida que se expande o movimento, a proposta sofre um grande deperecimento, porque os novos adeptos, não estando equipados dos valores doutrinários, têm a tentação de impor-lhe os seus hábitos ancestrais.

Um grande número, em vez de modificarem-se sob a ação da Doutrina, desejam adaptá-la aos seus hábitos, dando lugar a situações embaraçosas, a lutas intestinas, a divisionismos, a criação de grupos ou de grei.

Então deveremos receber a todos com a mais ampla fraternidade, sem nos deixarmos empolgar pelo entusiasmo, que é semelhante a um balão que facilmente perde o seu volume a uma picada de alfinete. Este momento de euforia passa, porque tudo é muito transitório.

Por isso que, ao recebermos as massas, deveremos pontificar nos ideais da Codificação, sem cedermos terreno às propostas novas e desvairadas de indivíduos portadores de grande conhecimento nas áreas profanas, mas sem nenhuma estrutura doutrinária, que pretendem mudar o nosso *modus operandi*, haurido nas obras de Allan Kardec e dos Espíritos que a desdobraram, para estarmos de bem com a sociedade, para brilharmos nos postos de triunfo momentâneo, para sermos aplaudidos e nos encontrarmos de bem com as conveniências.

Jesus, muitas vezes, esteve em situação difícil, porquanto, não aceitava as conveniências que prejudicavam os conteúdos da sua proposta. Então, nós deveremos aceitar a massa e bem conduzi-la doutrinariamente.

Recordo-me que, no dia em que eu recebi o título de cidadania uberabense, Chico Xavier estava presente e havia delegações do Triângulo Mineiro, de outras cidades, num volume de quase cinco mil pessoas, em um grande ginásio daquela cidade.

Terminada a solenidade em que Chico também proferiu palavras de muita sensatez e emoção, eu perguntei-lhe, *en passant*:

— Chico, se este povo que está saindo daqui sensibilizado recorresse amanhã aos centros espíritas, nós, os espíritas, estaríamos em condições de recebê-los, conforme recomenda a Doutrina?

Ele teve um ar de exclamação, tocou minha mão, e respondeu:

— Meu filho, que isto não aconteça, por enquanto, porque ainda não estamos preparados para receber as multidões. Examine, por exemplo, a Evangelização Espírita Infantojuvenil. Onde estão os trabalhadores para conduzir as crianças e os jovens? Observemos as reuniões doutrinárias de socorro aos Espíritos infelizes. Onde estamos, os médiuns, à época doutrinadores, hoje dialogadores ou psicoterapeutas de desencarnados? A Divindade irá naturalmente preparando-nos para que, no momento em que as massas venham aderir ao nosso movimento, estejamos adequados, em condições de bem recebê-los.

Equivale dizer, que deveremos receber os que nos procuram com toda fraternidade, com todo carinho, mas estarmos vigilantes, para que esses entusiastas não passem a influenciar o Centro Espírita de tal forma que o nosso programa fique em segundo plano.

Segunda parte

Gostaria de concluir a pergunta, nesta resposta, com uma frase de Friedrich Nietzsche,[8] filósofo alemão pessimista. É uma frase muito negativa. Ele diz que, tudo quanto a criatura humana toca, corrompe. Não é exatamente assim. Mas, observamos que, à medida que as ideias se expandem, a qualidade começa a experimentar a perda dos valores internos. Tenhamos, portanto, muito cuidado.

Perri: Divaldo, agradecemos esse preâmbulo bastante oportuno. Para felicidade e privilégio nosso, estávamos no ginásio de esportes em 1980 em Uberaba, presenciando esse momento histórico. E a pergunta seguinte é um desdobramento, mas tem uma especificidade. Dentro desse grande público que chega hoje ao Centro Espírita, naturalmente oriundo de diversas correntes religiosas, qual deve ser a postura do dirigente com relação aos comportamentos e às posturas atávicos para que esses não sejam introduzidos nos trabalhos da Casa como um procedimento espírita?

Divaldo: Há necessidade de mantermos a fidelidade ao nosso compromisso e, em nome da gentileza não delinquirmos, aceitando colocações que são incompatíveis com os conteúdos doutrinários.

Há algum tempo, recebemos dois jovens, cujos pais frequentavam nossa Casa e desejavam que os filhos participassem do movimento de juventude espírita. Mas, havia um problema, pois os dois jovens eram estudantes e passavam a semana inteira em atividades escolares.

As nossas reuniões eram e são dominicais, pela manhã. Então os pais nos sugeriram, para o bem dos filhos, que retirássemos

---

[8] N.E.: Friedrich Nietzsche (1844–1900), filósofo alemão do final do século XIX, desafiou os fundamentos do Cristianismo e da moral tradicional.

a reunião da manhã, transferindo-a para a tarde, porque era o dia em que os jovens deveriam distrair-se. Era o dia em que eles deviam ir à praia. E, se fossem à juventude, naturalmente ficariam castrados, sem ter qualquer divertimento, sem encontrar os colegas. O ideal, para eles, seria que nós modificássemos a estrutura do nosso programa.

Então, eu perguntei:

— A que horas os senhores sugerem?

— Bem, às 14 horas.

— Mas, às 14 horas eles estarão muito queimados do sol, já terão almoçado, então irão cochilar.

— Ah! É verdade. Às 16 horas...

— Mas, às 16 horas vai ficar muito tarde, porque eles naturalmente vão querer ir ao cinema logo depois...

— Ah! É verdade.

— Sugiro então — concluí com seriedade — que não os mandem à juventude. Deem-lhes a educação que acharem conveniente, porque vamos prosseguir com as nossas reuniões pelas manhãs.

Porque, se era vantagem para esses que estavam chegando, era desvantagem para outros, que já estavam acostumados e programados para o mister. Temos um *modus operandi*, que pode sofrer alteração, quando para melhorar a qualidade e não para atender a solicitações absurdas de quem deseja colocar o Centro Espírita sob a sua óptica e não aceitar as realizações dentro do seu programa.

Claro está que eram pessoas transitórias, porque tinham muitos compromissos sociais, muitos aniversários, muitas festas, muitas recepções a atender, possuíam uma agenda muito agitada.

Na ocasião, frequentavam duas vezes por semana, depois passaram ir apenas uma vez. E, mais tarde, diziam-me que iriam às reuniões quando pudessem...

A partir daí, nunca mais apareceram. Já não podiam, é claro, mas nós continuamos o labor tranquilamente, porque o nosso compromisso não é com as criaturas e sim com o Senhor da Vida.

Não faz muito, retornaram, já idosos, como eu. A senhora perguntou-me:

— Divaldo, lembra-se de nós?

Eu não me recordava, porquanto, depois de quase quarenta anos, todos mudamos muito a aparência, e detive-me a tentar lembrar-me. Ele, então, indagou-me algo desagradado:

— Mas não se recorda mesmo de nós?

Recordei-me, pela voz... Era a mesma voz, o rosto de ambos havia sofrido cirurgias plásticas e estavam alterados. O dele encontrava-se mais marcado pelos impositivos da velhice e do comportamento. Então lhes respondi:

— Agora me lembro perfeitamente.

— É, Divaldo, estamos aqui de volta pedindo a proteção divina, porque eu — explicou ele — estou com um câncer hepático. E vim, porque tenho certeza de que os guias espirituais me irão curar.

Respondi-lhe, penalizado:

— Não tenho a menor dúvida de que tal possa acontecer. Mas, para que o senhor não mantenha uma fantasia na mente, permita-me narrar-lhe uma experiência pessoal.

Contei-lhe que, à época em que eu era bastante jovem, gostava muito de aplicar passes com ou sem motivo justo. Era a fase do entusiasmo. Com o tempo, aprendi a técnica do equilíbrio, mas naquela ocasião já vivia com as mãos em posição... Certo dia, fui convidado a visitar um enfermo e a aplicar-lhe passes. Chegando à sua casa, encontrei-o no leito. Ele era portador de um câncer ganglionar, como eu nunca tinha visto. Os gânglios estavam expostos, volumosos como pequenas azeitonas. Era um espetáculo muito chocante.

Orei e apliquei o passe com todo carinho e, como eu era bastante jovem, pensei: Meu Deus! Se fosse possível eu lhe daria um terço da minha vida, porque ele é pai, tem três filhinhos, é casado. Eu não tenho quaisquer compromissos... Nesse ínterim, apareceu-me o doutor Bezerra de Menezes, e então eu perguntei-lhe mentalmente: "Ele vai ficar bom, doutor Bezerra?".

E o venerando benfeitor respondeu-me: "Vai, meu filho".

Segunda parte

Eu exultei e esforcei-me mais na aplicação do recurso terapêutico.

Quando terminei suarento, era dezembro em Salvador, a esposa perguntou-me: "Então?". Eu respondi-lhe: "Fique tranquila, os Espíritos disseram-me — assim generalizando era uma forma de tirar a responsabilidade do doutor Bezerra – que ele vai ficar bom e, amanhã, às 10 horas, estarei aqui para continuar o labor de assistência espiritual".

Fui eufórico para casa, orando com fervor e gratidão.

No dia seguinte, quando cheguei, às dez horas, estava, à porta, uma coroa, como se colocava anteriormente denunciando a presença de um cadáver.

Eu era tão ingênuo, para não dizer estúpido, que pensei: Meu Deus! Será que foi a senhora quem morreu?

Entrei. Quando cheguei à sala, lá estava o homem no caixão e ela assim... (Divaldo faz um gesto, uma expressão).

Quando me viu, foi tomada de ira e perguntou-me:

— Então? Você não me disse que ele iria ficar bom?

— Eu... Meu Deus! Doutor Bezerra — interroguei mentalmente—, o senhor não me disse que ele iria ficar bom?

Doutor Bezerra, que acompanhava a cena, respondeu-me:

— Ficou bom, meu filho, não vai ter doença nenhuma por enquanto. Só na próxima reencarnação...

Então, ficar bom, respondi ao velho amigo que voltava a visitar-me, tem um sentido muito complexo. Para nós, é a recuperação da saúde, para os benfeitores espirituais é voltar para Casa...

Então, é necessário que tenhamos muito cuidado com aqueles que chegam às nossas Instituições cheios de ideias, de opiniões e que, se não estivermos vigilantes, mudam todo o nosso programa de trabalho para pior.

Perri: Há uma pergunta aqui que tem relação com essa resposta que foi apresentada. A questão é a seguinte: considerando a fase de transição em que nos encontramos, quais as modificações que o senhor julga necessário fazer para melhorias nas metodologias usadas nos programas de Evangelização Infantojuvenil e do Estudo Sistematizado da Doutrina Espírita (ESDE) para despertar o interesse da nova geração, atrair a atenção dos jovens que são "as vítimas selecionadas dos adversários do bem", segundo as informações espirituais?

Divaldo: Pessoalmente, eu acredito que os programas infantojuvenis e os do ESDE estão muito bem elaborados. O que se torna difícil é a aplicação, encontrar pessoas hábeis para bem aplicarem os conteúdos que foram trabalhados por psicólogos e por pedagogos, como resultado da experiência dos longos anos, desde os primórdios da Evangelização, em Porto Alegre, na década de 1950.

Os métodos estão muito bem exarados nos programas apresentados pelo Departamento de Infância e Juventude (DIJ), mas o que nos têm faltado são as equipes de trabalhadores para bem fundamentarem essas lições com exemplos e metodologia própria para alcançar a mentalidade juvenil.

Segunda parte

Eu sempre indago: 'Por que ficamos procurando métodos que agradem aos jovens?'

Com frequência, é perguntado: 'Não será lícito, então, trazermos os métodos de uso no mundo profano para nossa Casa Espírita?'

Muitos têm-me proposto a realização periódica de festas no Centro Espírita, a fim de atrairmos os jovens.

Sempre respondo que o Centro Espírita não é lugar para festas desse gênero. A festa para nós, os espíritas, é a vivência da Doutrina Espírita.

Desse modo, a simples ideia de realizarmos bailes, celebrarmos atos da tradição religiosa, como casamentos, batizados, culminando com festas funk, objetivando atrair os jovens, não passa de verdadeira aberração, totalmente oposta aos nobres conteúdos do Espiritismo.

Um amigo nosso estava completando vinte e cinco anos de casado e propôs-me:

— Divaldo, como você sabe, nós somos espíritas e frequentamos aqui, então queríamos celebrar as nossas bodas, os vinte e cinco anos de um matrimônio feliz, em nosso Centro. Que lhe parece?

Eu respondi-lhe:

— É muito bom. Trata-se de uma ideia feliz.

— Você poderia fazer uma reunião especial?

— Especial, em que sentido, ou de que maneira?... Exatamente eu não sei como fazer, porque ainda não li nada a esse respeito na Codificação.

— Explico-me. Poderíamos fazer o seguinte: decoraríamos a sala, as pessoas convidadas viriam — nós temos muitos amigos na sociedade — e viriam muitos. No momento da comemoração, ficaríamos do lado de fora da sala. Convidaríamos um grupo musical de cordas. O grupo toaria a música *Pompa e Circunstância* e nós entraríamos... Você nos receberia à mesa, sentar-nos-íamos ao seu lado...

E antes que ele concluísse, eu redargui:

— Só falta o padre para abençoar.

"Proponho, então que, nesse dia, a reunião tenha o seu caráter normal, depois disso, poderemos parabenizá-los, e a festa os amigos farão no lar.

"O que você nos propõe é uma solenidade religiosa, totalmente incompatível com as diretrizes doutrinárias que seguimos. Porque no Espiritismo não temos rituais, cerimoniais, cultos, que se caracterizem como celebrações desse e de outro porte...

"Logo mais, desencarnarei eu, que estou à frente. Então, vão colocar meu corpo... Vão fazer uma fila, e beijarão a mão, olharão meu cadáver... Vai ter esse desfile.

"Lentamente, nós vamos caindo nos pecados das tradições.

"E também faremos cortejos de visitas ao túmulo, prestando homenagens ao desencarnado no túmulo. Nós, que informamos que o Espírito não está ali, torna-se um absurdo promovermos romarias, colher-se água benta no túmulo, colocar fotografias para que o Espírito, que ali não está, opere milagres variados...

"Tudo isso está no cemitério de procedência religiosa, mas de outras doutrinas.

"Eu pretendo ser incinerado, para não ficar nenhum vestígio material, ser celebrado no coração de quem por acaso me ame em espírito e verdade."

Então, temos que resistir a essas insinuações, porque elas são muito simpáticas, são muito modernas, no entanto altamente antidoutrinárias...

E é necessário sermos fiéis à Doutrina.

Desse modo, deveremos receber e atender as crianças e os jovens conforme os métodos psicopedagógicos contemporâneos, à luz do Evangelho e do Espiritismo.

Perri: Quais as consequências da atitude de dirigentes espíritas, que, preocupados em obter recursos financeiros para a Casa Espírita, vendem todo tipo de livro espírita, não espírita, sem critério de seleção e realizam vários tipos de atividades, como bingos, rifas etc. para a captação de recursos?

Divaldo: Nós espíritas temos a obrigação de manter as Instituições que criamos. Necessitamos de tirar o crocodilo do bolso e colocar a mão lá dentro.

Não é lícito que peçamos àqueles que não são espíritas que sustentem as atividades nossas de espíritas.

Podemos fazer a divulgação do nosso trabalho e solicitar a pessoas generosas, que gostam de realizar o bem, que nos ajudem na campanha de enobrecimento.

Mas, não devemos criar Entidades para que outros se encarreguem de mantê-las.

Há um velho ditado que afirma que não devemos pôr o chapéu onde o braço não chega. Porque momento virá, em que não alcançando o local, o chapéu cai.

Estamos acostumados, com exceções compreensíveis, a arranjar mecanismos de sustentação do Centro Espírita, de ampliar-lhe os espaços físicos indefinidamente, esquecendo-nos das bases doutrinárias.

Não são compatíveis, esses movimentos — bingos, rifas e outros — na Casa Espírita.

A pretexto de fazer o bem, não nos é lícito utilizar de meios que não correspondem à qualidade de nossos ideais, porque nos daria muito mais lucro, então, vender cocaína... Daria muito mais lucro realizar atividades consideradas ilícitas, o que certamente choca-nos eticamente.

Desde que os meios vão levar-nos a objetivos elevados, tese, aliás, marxista, que os meios justificam os fins, estamos cometendo uma grave deslealdade em relação ao Espiritismo.

Que as nossas Casas realizem o que seja possível.

Há pouco, eu visitei uma Instituição Espírita que se dedica à caridade. A senhora presidente, muito cansada, confessou-me:

— Não aguento mais, estou morta de cansaço de atender essa gente ignorante e ingrata. Por mais que façamos, sempre exige mais. Nós passamos os dias e algumas noites mal dormidas pensando na assistência social. Já não sei mais o que fazer.

Eu respondi-lhe pacientemente:

— Desligue-se dessa tarefa opressiva, minha filha.

— Mas... Eu? Desligar-me?

— Sim, senhora...

— Eu estou fazendo a caridade.

— Não está, não. Não é minha opinião, é a de Jesus, quando interroga: "Do que vos adianta salvar o mundo e perder a própria alma?".

"O bem não pode fazer mal a quem o está praticando. Você está irritada. O que é que você espera do ignorante? Gentileza, amabilidade?.. Você é que está indo a eles. A alguns, você está doando, talvez, sem que eles queiram.

"O bem tem que nos fazer bem. O cansaço físico é o resultado de qualquer ação prolongada. O cansaço emocional e a irritação manifestam-se como desgaste do método da ação, que deve estar incorreto. Então, você, possivelmente, está mais preocupada com os pobres do que com a divulgação da Doutrina.

"Se a Casa Espírita for fiel ao programa do Espiritismo, o serviço e a assistência social serão uma consequência, porque tanto a assistência como o serviço de dignificação serão resultados do bem-estar que haurimos na Doutrina. Foi Jesus quem disse: 'Os pobres, vós sempre os tereis. Mas a mim não'.[9]

"O objetivo essencial da Casa Espírita é a divulgação e a prática do Espiritismo. A caridade não é apenas a doação de natureza material. A caridade moral é de valor incontestável, e, portanto, bem mais difícil de ser praticada. Há pessoas generosíssimas que oferecem coisas, mas que nunca perdoam...

"As pessoas sacrificam-se para ajudar outras, mas não toleram os familiares dentro de casa. Que caridade é essa? É esdrúxula. É uma transferência de conflito psicológico.

"Então, pare um pouco esse serviço exaustivo e volte-se para a vivência das bases doutrinárias."

— Não posso! Porque passo a semana tentando granjear recursos para dar-lhes...

— Sem dúvida é muito nobre dar comida, agasalho, medicamento.. Mas estará dando-lhes coragem para as vicissitudes e estímulos para que saiam da miséria, para que trabalhem? Está preparando-os para o momento das outras dores que lhes virão?

Dessa forma, evitemos quaisquer métodos que sejam incompatíveis com a nossa proposta de dar a Deus o que é de Deus e a César o que é de César.[10]

Nem sempre os métodos do mundo profano são compatíveis com as proposituras do Evangelho de Jesus. Então,

---

[9] N.E.: *João*, 12:8.
[10] N.E.: *Lucas*, 20:25.

mesmo que sejam lucrativos, eles não são próprios para nossa vivência doutrinária.

Por fim, tratando-se de uma Casa Espírita, a sua livraria deve eleger criteriosamente os livros que ali devem ser vendidos, evitando que o interesse comercial suplante o valor moral que deve viger com preferência.

Perri: Atualmente, há, em nosso Movimento Espírita, uma avalanche de obras ditas espíritas, porém, com conteúdos muitas vezes antidoutrinários. Qual é o nosso dever enquanto Federativas em relação a essa situação?

Divaldo: Não nos é lícito restaurar o *Index Expurgatorius* da Igreja Romana, mas temos o dever de alertar as pessoas ingênuas e descomprometidas a respeito da enxurrada de obras, que se tornou uma indústria de livros, através de pessoas que sequer são espíritas.

As mesmas pessoas apresentam a mediunidade, que é um fenômeno orgânico, e escrevem, mas não estão vinculadas a nenhuma Instituição Espírita, sequer tendo a formação doutrinária indispensável.

Tenho feito uma cuidadosa pesquisa de alguns autores procurando saber, como viajo muito, se eles estão vinculados ao Movimento Espírita local. E a grande maioria não está. Não são exatamente espíritas. São pessoas simpáticas, que estão exercendo a mediunidade e estão nas tentativas do exercício psicográfico.

Como porém, estamos vivendo o momento do *boom* divulgativo, muitas editoras, que não têm nenhum compromisso com o Espiritismo, mas sim com a venda de livros, que são profissionais livreiros, profissionais editores, publicam tudo que lhes é encaminhado. Desse modo, atiram ao mercado todo esse material, que não resiste a uma superficial análise doutrinária, informando que são obras psicografadas. Muitas vezes, vê-se a burla pelo nome dos Espíritos que seriam os autores. Nomes exóticos, esquisitos, que caracterizam os Espíritos embusteiros.

Dentro desse conjunto, observamos também revelações estapafúrdias, ameaças, como se estivéssemos voltando aos dias bíblicos do Deus punitivo, do Senhor dos exércitos.

Tenho lido algumas dessas obras que me são encaminhadas, e eu recebo um bom número delas, com frases desta natureza: "Aqueles que têm mediunidade, têm que desenvolvê-la, porque senão sofrem muito. As desgraças que acontecem a muitos médiuns, é porque eles não praticam a caridade," e assim por diante, apresentando informações falsas a respeito da Doutrina Espírita.

Este é um momento muito grave. Não será lícito que o presidente de uma federativa apresente os pontos falhos de qualquer obra que surja, realizando uma campanha contrária. Mas, é viável que aborde, periodicamente, o tema de referência à autenticidade de muitas dessas obras.

Eu as vejo em muitas Instituições Espíritas, e quando se trata de Sociedades dirigidas por amigos, eu informo, perguntando-lhes:

— Este livro é antidoutrinário. Você já o leu?

— Li, mas o povo quer comprar, Divaldo.

— Mas, o povo também quer comprar cachaça, cigarro e outros venenos destrutivos. A fim de atendê-lo, teremos que fazer aqui uma barraquinha para esse fim?

Então, ensinamos certo e agimos errado? É inconcebível. Deveremos ter muito cuidado, porque a enxurrada é terrível, avassaladora...

Eu me recordo que comecei a psicografar no mês de fevereiro de 1949. E psicografava três vezes por semana. Duas, em nossas reuniões mediúnicas, e outra numa noite à parte no lar, para treinamento.

Em 1956, Joana de Ângelis me apareceu e propôs-me:

— Meu filho, está na hora de queimar todas aquelas mensagens que estão guardadas no baú.

Naquele tempo, eram classificadores, muito largos, tudo era muito complicado. Eu guardava os originais, grampeava-os, e os ia guardando.

— Mas, minha irmã, teremos que as queimar?

— Sim, meu filho, porque todos são treinos, exercícios.

— No entanto, algumas páginas têm muitos ensinamentos bons.

— Sem dúvida, e outros tantos ruins, inadequados. Desse modo, queime tudo.

— Eu não podia separar aquelas primeiras como lembranças?

— Você tem os seus cadernos de quando começou a escrever?

— Não, senhora.

— Então, por que guardar as psicografias de quando começou a treinar? Queime tudo.

E eu queimei-as com dor no coração, e os Espíritos amigos prosseguiram.... Este exemplo, no meu caso, na condição de um médium comum.

Imaginemos as experiências pelas quais o Chico passou? As vivenciadas por Yvonne do Amaral Pereira? Recordemo-nos que ela demorou trinta anos para publicar *Memórias de um suicida*.

Manoel Quintão, quando recebeu o livro pela primeira vez, ela própria contou-me, não o considerou oportuno, e realmente não o era para aquela época. Fazia-se necessário que primeiro viesse André Luiz, para, no Brasil, trazer as informações ampliadas que Stainton Moses, na Inglaterra, havia publicado no seu *A vida além do véu*, que Elisabeth d'Espérance, havia também publicado, assim como outros médiuns missionários.

André Luiz preparou o clima cultural para, na década de 1950, quando já se tinha uma visão mais lúcida e um conhecimento melhor elaborado pela escrita segura desse nobre médico desencarnado, por um médium ímpar, que a obra de Yvonne fosse apresentada para poder ser bem recebida. E, ainda hoje, é muito contestada por alguns indivíduos que se comprazem em ser originais...

Desse modo, é necessário que estejamos vigilantes e não divulguemos determinadas obras e autores que se dizem médiuns e espíritas, mas que não os combatamos, porque, se o fizermos, apresentar-se-ão como vítimas, e muitos compadecidos desejarão conhecê-los e apoiá-los.

A melhor técnica, em casos dessa natureza, é a do silêncio, divulgando, concomitantemente as boas obras apresentadas pelas editoras sérias e não comerciais.

Em nossa Casa, por exemplo, chegam pessoas e perguntam:

— Vocês têm o livro de Fulano?

— Não, mas temos os de Beltrano.

— E o que são os de Beltrano?

— São muito interessantes. Vou explicar-lhe...

A pessoa interessa-se, compra algum e vai conhecê-lo, porque nunca havia ouvido falar sobre ele, já que não desfruta do marketing das empresas comerciais. Todavia, se algumas Instituições Espíritas vendem essas obras porque rendem dinheiro, e a desculpa é que o fazem com o fim de ajudar a assistência social, o problema prossegue da mesma forma. Trata-se de um método ruim para uma coisa boa.

Diminuamos a assistência social, mas só vendamos aquilo que seja realmente compatível com os impositivos da Doutrina Espírita.

Perri: Como lidar com dirigentes de casas espíritas, que, mesmo sendo parceiros, desenvolvem atividades muito diferentes e até uma filosofia de trabalho distinta das recomendadas pelo livro *Orientação ao Centro Espírita*, discutido e aprovado pelo Conselho Federativo Nacional da FEB?

Divaldo: Deveremos perseverar ao lado deles para sustentá-los, como o nosso dever primeiro, porque é da natureza humana o desejo de ser original.

Muitos companheiros de lide doutrinária ainda creem que vincular-se ao Movimento de Unificação é submeter-se a uma chefia central para dirigir os seus destinos e vigiar o seu comportamento.

Trata-se de uma herança psicológica das tradições católicas.

Eu tenho ouvido de confrades irônicos: "Reúne-se em Brasília, todo ano, o Colégio dos Cardeais Espíritas, sob a presidência do Cardeal-Mor para trabalhar os deveres que somos obrigados a cumprir".

Ante a espontânea calúnia, indago:

— Você já esteve em alguma dessas reuniões?

— Não.

— Mas, deveria ir. Porque, primeiro, são Cardeais que não têm o chapéu, nem o anel cardinalícios. São pessoas que saíram do povo e que tiveram a coragem de aceitar o desafio de dirigir as Entidades Federativas. Porque isso é um desafio. E considerando-se que há Estados do nosso país, nos quais ninguém quer assumir essa responsabilidade, por incrível que pareça, e noutros são muitos os que querem, gerando acirrada disputa, os que permanecem são dignos de respeito e de amizade...

"Esses comportamentos fazem parte dos paradoxos humanos.

"Se a Instituição possui um patrimônio expressivo, não falta quem deseje administrá-la, mas se a Instituição necessita de ajuda financeira, raramente surge alguém que deseje conduzi--la. Então, são pessoas como nós, de boa vontade, abnegadas, algumas que estão no Movimento há muito tempo, outras que chegaram depois. E, além disso, o Cardeal-Mor nunca estabelece diretrizes para os outros. Ele ouve todos os participantes do Conselho e pergunta ao auditório: 'Se alguém não estiver de acordo que o diga'. Então, ele é o voto de minerva, quando há empate.

"Mas, a Unificação não é isso. O objetivo da Unificação é contribuir em favor da divulgação da Doutrina Espírita conforme a Codificação Kardequiana, estabelecer as diretrizes para evitar as infiltrações perturbadoras e trabalhar em favor do fortalecimento de todas as Instituições Espíritas. Igualmente, fazer análise dos problemas, dos desafios e como solucioná-los da melhor maneira possível."

É natural que alguns daqueles que nos estão ligados por injunções apenas de simpatia trabalhem quase que contra nós, embora estejam aparentemente conosco.

Se os alijarmos será pior. Porque aí desequilibram de vez.

O melhor a fazer, portanto, é o que afirma uma tradição: "Se você não pode vencer o inimigo, siga com ele".

Ademais, tenhamos em mente, que todos aqueles que dificultam o trabalho do bem, como sucederá conosco, desencarnarão, deixando o espaço para os que virão com outra mentalidade... Assim, tenhamos paciência.

Um dia, uns jovens perguntaram-me num Centro Espírita em que eu houvera realizado um seminário:

— Senhor Divaldo, aqui não nos dão oportunidade para trabalhar... (e o presidente era de minha idade) não nos permitem a participação nas atividades. Os velhos não nos dão ensejo de cooperação na Casa. O que deveremos fazer?

Eu perguntei ao que me fazia a indagação:

— Quantos anos você tem?

— Dezoito.

Eu respondi-lhe:

— Tenha paciência. Nós, os mais velhos, iremos morrer em breve, assim como todas as criaturas, e você poderá ser o presidente da Instituição no futuro, se perseverar no estudo e na vivência doutrinários.

Foi uma inesperada profecia, porque, três meses depois, o presidente desencarnou. Nunca mais eu direi isso, porque senão eu me transformo numa das Parcas da mitologia grega. (Risos)

Dessa maneira, caminhemos com eles, pisando em vidros, em ovos, como diz a tradição. Porque alguns querem somente um motivo, um pretexto, para afastar-se e tornar-se adversário público...

Se mantivermos a paciência e continuarmos explicando o que é a Unificação, quais são os seus objetivos, de vez em quando, mandando expositores, provocando atividades, convidando-os a estarem conosco, mesmo que não nos atendam, terminaremos por conquistá-los, ou pelo menos ficaremos em paz, por havermos feito o melhor ao nosso alcance. Será uma questão de paciência. Caminhemos ao seu lado e pontifiquemos no bem. Se alguém nos pedir para marcharmos mil passos com ele, vamos dois mil. E se nos pedir a manta, que demos também a capa, esse nobre ensinamento de Jesus.

Perri: O que pensar do Centro Espírita que quer ministrar curso a trabalhadores de outros centros, promover encontros de trabalhadores de vários centros, enfim, querem fazer o trabalho que compete à Federativa Estadual?

Divaldo: Não são poucos aqueles que assim procedem. Viajando muito, temos encontrado, em vários Estados do nosso país, essa forma de divisionismo. Determinado Centro é muito frequentado. As pessoas aderem, por causa deste ou daquele motivo. E logo, os dirigentes acreditam-se com poder federativo. Começam a competir. Cabe à Federação estadual explicar a esses companheiros, que a tarefa de divulgação coletiva pertence ao Órgão Federativo. Que o Órgão Federativo é a sua representação. Só existe o Órgão Federativo porque existe o Centro Espírita, não havendo motivo para competição, mas sim para cooperação.

Perri: O que pensar e como agir com aquelas pessoas que chegam com discurso manso, calmo, de muita bondade, fraternidade, que se utilizam dos nossos campos de trabalho e depois lançam a cizânia, a conturbação, tornando-se detratores do trabalho de Unificação e do Movimento Espírita?

Divaldo: São os lobos vestidos de ovelhas. São os mais perigosos, porque são pusilânimes. Fala mansa, aparência de humildade, pois que, para eles, o que importa é o exterior. Suavemente, vão conquistando os incautos que se encantam.

Quando somos objetivos, leais, sinceros, normalmente desagradamos, porque estamos acostumados às aparências. A vida social é feita de requintes exteriores, mas guarda no seu interior complexos conflitos e estranhas reflexões.

Deveremos ter muito cuidado, porque os indivíduos dessa natureza vão conquistando e formando grupos dentro do grupo. E, em breve, começam a manipular o seu grupo contra os diretores que ali estão.

São muito propícios a ideias de renovação, porém, não são dedicados ao trabalho. Criam cizânias, dividem, geram situações embaraçosas. São ociosos e muito mansos, estão sempre observando e anotando detalhes do trabalho do próximo de que se podem utilizar como arma futura...

São gentis conosco, no começo. Depois, quando tentam impingir-nos as suas teses perturbadoras e não as aceitamos, desvelam-se. Contrariados, produzem divisões no grupo e, muitas vezes, criam situações angustiantes.

Procuremos evitar que esses indivíduos se intrometam nas atividades de grave responsabilidade. Por exemplo: é muito comum, chegar uma pessoa muito educada e encantadora, e todos ainda ingênuos, apesar das experiências, caímos nas suas ciladas, facultando-lhe postos de destaque e atribuindo-lhe responsabilidades para as quais não está preparada.

Esses indivíduos possuem o verbo fácil, seduzem-nos, são gentis. Alcançando a meta que têm em mente, traem-no, vilmente.

Recordemos da nota de Allan Kardec, exarada em *Obras póstumas*, quando *O livro dos espíritos* completou dez anos de publicação, mais ou menos nas seguintes palavras: "Escrevo esta nota dez anos depois de publicado *O livro dos espíritos...*". O Codificador faz uma análise desses companheiros que lhe beijavam a face na Sociedade Parisiense de Estudos Espíritas e aproveitavam da sua ausência para denegrir-lhe o nome. Esbordoavam-lhe o caráter, chegando a dizer que ele vivia das obras espíritas que publicava, sem dar-se conta de que as publicava com o seu dinheiro...

Para Kardec poder colocar essa nota, eu posso imaginar levemente o que ele padeceu, àquela época, naquelas circunstâncias. Porém, como ele era otimista, fez uma reticência e escreveu: "Tudo isto o Espírito de Verdade me havia anunciado. O que Ele não me houvera dito foi sobre as alegrias que eu iria haurir quando mais tarde. Em oração eu me colocava acima da Humanidade e podia ver o progresso da Doutrina arrebatando multidões...".

Sabemos que foram as falas mansas ao lado do mestre francês de Lyon que lhe esbordoaram o caráter, que o difamaram, que o perseguiram, que criaram cizânias, levando-o a fazer um estudo sobre o tema referente ao Espiritismo independente.

Em relação a um grupo que queria o Espiritismo independente, ele indagou: "Independente de quê? Independente de quem?".

É claro que esse grupo queria apresentar uma doutrina a seu modo, porque o Espiritismo é independente. Ele tem os seus conteúdos, não depende de nada ou mais de ninguém.

Tenhamos, pois, muito cuidado, embora não possamos evitar que esses indivíduos venham, porque eles são telementalizados pelos Espíritos das trevas, são maleáveis às induções perniciosas dos adversários do Bem... E estão em todo lugar, não só em nossa grei, mas em todos os segmentos da sociedade.

Observemos o que a imprensa diariamente apresenta sobre o Brasil e o mundo, por excelência questões da desonestidade, furtos, roubos, malversação de valores, crimes de todo porte... Pessoas gentis chegam à televisão e falam com tanta blandícia, que um desses, apontado como indigno do cargo que exercia, recentemente chegou a me convencer da sua *inocência* com os seus argumentos e seu cinismo...

Ele falou com tanta convicção sobre a infâmia de que era vítima, que eu apiedei-me, lamentando-o!

Esses, que assim procedem, são hábeis na arte de dissimular. Como diz o Evangelho: "Até os eleitos serão enganados".

Portanto, muito cuidado com os bodes misturados com as ovelhas.

Estejamos vigilantes, mas não contra. Jamais contra. Sempre a favor do bem, como dizia Gandhi: "Não sou contra a violência, porque, quando estamos contra, armamo-nos. Sou a favor da não violência, porque, quando somos a favor, amamo-nos".

Perri: Muitas vezes a administração de uma Casa Espírita se confunde com o funcionamento de uma máquina. E o próprio trabalhador espírita na sua relação com os dirigentes é tratado, assim, de uma forma robotizada. Como melhorar essas relações humanas dentro das Instituições Espíritas?

Divaldo: Considerando que o Centro Espírita é uma *empresa*, mas não segue os métodos empresariais do mundo, temo-la como sendo a *Empresa de Jesus*.

Embora sejam necessárias as aplicações dos métodos administrativos conhecidos, o relacionamento deve ser sempre positivo, a solidariedade constante, não podendo funcionar como máquina azeitada, porque essa é fria e morta, conduzida pela mente que a administra.

A Empresa de Jesus é viva e vibrante. A cada momento, surge algo diferente, que necessita de uma interferência específica. Não se podem estabelecer métodos restritivos, porque chega alguém com grave problema psicológico, um transtorno mediúnico, um distúrbio obsessivo, um companheiro que acaba de delinquir, alguém que experimenta rude provação, e o atendimento deverá ser cristão, rico de compaixão e solidariedade, apontando os rumos de libertação. É, portanto, o momento do auxílio, do socorro, sem qualquer postergação.

É desse modo a empresa da fraternidade e da solidariedade. Podemos utilizar-nos dos métodos empresariais para as finanças da casa, mas a administração tem que ser fraterna, já que os lucros são espirituais e não aqueles pelos quais lutam as empresas mundanas.

Eu me recordo de uma bela página ditada pelo Espírito Irmão X, através de Chico Xavier, que um dia Judas aproximou-se do Mestre e perguntou-lhe, magoado, a razão pela qual os companheiros não gostavam dele.

— Eu noto, Senhor — acrescentou — que eles me tratam com certa reserva e ignoro porque não são abertos, espontâneos comigo...

Estou fazendo a narração com as minhas palavras.

Jesus olhou o discípulo amado e inquieto, e sentiu compaixão, mantendo silêncio. Continuaram caminhando. Era um dia de sol e, subitamente surgiu à sombra de uma árvore relativamente próxima a um poço refrescante. Judas correu à frente. Os demais prosseguiram calmamente. Ansioso, diante da água fresca, atirou as mãos sobre a linfa, começou a sorvê-la com sofreguidão, a lavar o rosto e, em consequência, a água, sendo revolvida, levantou a lama que estava embaixo.

Quando os outros chegaram, a água estava toldada, não podendo ser sorvida. Ante a lamentável ocorrência, Judas desculpou-se:

— Perdoe-me, Mestre. — E solicitou aos amigos que também o desculpassem, adindo:

— Como sou desastrado!

Segunda parte

Mantendo-se sereno, Jesus falou-lhe com bondade:

— Judas, neste singelo poço está a resposta ao que me perguntaste. Todo coração, no fundo, tem um pouco de lama. Nós devemos, quando nos acercarmos desse poço dos sentimentos, retirar-lhe a *água* da superfície com muito cuidado, para não permitir que a lama suba e tolde a linfa. Se desejas amizade, não te aprofundes nos problemas íntimos das criaturas, porque, do contrário, irás encontrar lodo e fel, obrigando-as a reagirem.

Desse modo, na Casa Espírita devemos ser o ouvido que tem complacência e a boca que tem misericórdia. Ouvir mais e falar menos. Porque a grande maioria quer apenas falar, descarregar os próprios conflitos. E, muitas vezes, basta apenas pôr a mão no ombro do queixoso ou sofredor e dizer-lhe com sinceridade: "O seu é realmente um grave problema, irei orar em seu favor".

E, posteriormente, interceder ao Senhor da Vida em benefício do suplicante.

Para concluir, eu me recordo que uma amiga muito querida, Maria Dolores, a extraordinária poetisa do Além, pois que já o era na Terra, havendo deixado publicado um livro lindíssimo, anelava conhecer pessoalmente o médium Chico Xavier.

Na ocasião em que conseguiu viajar a Pedro Leopoldo, estava com dificuldades no relacionamento conjugal. Havia uma diferença de idade entre ela e o esposo. Enfrentavam algum dos problemas comuns no matrimônio, como é normal. Ela era médium espírita abnegada, ele, um homem excelente. Mas os problemas conjugais acontecem com as melhores pessoas. E o sonho dela era poder conversar com o Chico e pedir-lhe um conselho.

O marido a acompanhou e quando lá chegaram, Chico os recebeu com imenso carinho. Então, Maria Dolores começou a falar-lhe sobre as dificuldades que ambos enfrentavam.

Ela me disse, posteriormente: "Divaldo, eu falei por quase uma hora. E o Chico olhava-me com um sorriso suave nos lábios. O meu marido, Carlos, meneava a cabeça, confirmando. Por fim, eu perguntei, ansiosa: O que me diz, Chico?

"Eu esperei que ele fosse dar-me um conselho com orientações diversas, mas isso não aconteceu. Ele pegou a mão do Carlos e a minha, juntou-as, e sorrindo propôs-me: Dolores, minha filha, deixe as águas rolarem.

"Tratava-se, na época, de uma música de carnaval.

"Surpresa, eu agradeci e o interroguei: Chico, qual é o seu conselho?

"E ele, novamente, propôs-me: Deixa, minha filha, as águas rolarem."

As águas rolaram e rolaram as águas. O casal retornou ótimo, em paz e confiança em Deus. Rolaram as águas, ela desencarnou e, antes de desencarnar, quando estava nos estertores, vitimada por uma pneumonia galopante, ela o liberou com ternura para um novo consórcio. Desencarnou. Algum tempo depois, ele voltou a casar-se e continuou levando adiante a obra de amor que ela iniciara antes, inclusive, a educação de algumas meninas que ambos haviam adotado, dando-lhes excelente educação.

Ela precisava descarregar os conflitos e o fez com o amigo querido.

O Centro não pode estar muito azeitado, como uma máquina, porque senão todo mundo fica profissional e perde a espontaneidade que deve viger em todas as nossas atividades.

Perri: Na reunião mediúnica, deve ocorrer rodízio de dirigente de quanto em quanto tempo? A presidência da Casa pode realizar essa mudança sempre que achar conveniente? Pergunto isso, porque eu recebo críticas com relação aos dirigentes, que na grande maioria são antigos trabalhadores da Casa, porém, não participam de treinamentos, simpósios e nem de outras atividades da Casa.

Divaldo: Este é um grave problema. A pessoa começa numa função e apropria-se dela. Esquece-se de que o cargo é transitório. E quando está dirigindo uma atividade, não permite que ninguém o faça, ou mesmo auxilie. E não procura evoluir, atualizar-se.

A presidência tem o direito e o dever de, periodicamente, fazer um rodízio de dirigentes internos, colocando novos cooperadores para que adquiram experiência nos variados setores da Instituição. Igualmente, deve solicitar aos mais idosos, que estão quase sempre desatualizados, aplicando métodos que, anteriormente, foram muito úteis, mas que estão ultrapassados, para que ofereçam ensejo de experiências aos companheiros que estão mais bem informados e que os substituirão no futuro.

A presidência tem esse direito e, ademais, deve estabelecer que, para participar de reuniões mediúnicas, a condição *sine qua nom*, além dos valores morais, é frequentar as reuniões doutrinárias, os simpósios, as atualizações de atividades.

Como pode um indivíduo estar doutrinando os Espíritos conforme se fazia há sessenta e poucos anos, em que brigavam, discutiam, o médium dava murros na mesa, caía no solo... Na atualidade, constamos que muitos desses aparentes fenômenos eram distúrbios histéricos, transtornos neuróticos, problemas de comportamento, felizmente hoje muito bem diagnosticados e com excelentes possibilidades de cura.

Com o avanço da Psicologia, que começou a identificar esses distúrbios, percebeu-se que a mediunidade nada tem a ver com essas expressões de desarmonia dos indivíduos, sendo claro que mudaram as técnicas de doutrinação. As obras de André Luiz trouxeram um grande contributo para os dialogadores, assim como as que foram psicografadas por Yvonne Pereira e por muitos outros médiuns...

É natural e mesmo justo, que a presidência conclame esses cooperadores para uma reciclagem e para que deem o lugar a outros, considerando que não havendo remanejamento entre os diversos membros, quando esses dirigentes desencarnarem, quem irá orientar as reuniões mediúnicas sem experiência? Se não houver continuadores, se não existirem aqueles que treinaram, que se exercitaram, as atividades de intercâmbio espiritual tenderão a desaparecer.

Então, é perfeitamente válido que haja essa renovação periódica para o bem dos trabalhos e dos participantes. Não é o fato de um indivíduo ceder o seu lugar a outrem, que o diminui de qualquer maneira, pelo contrário, esse gesto o engrandece.

Eu tenho um filho médico. É professor em duas universidades. Muitas vezes ele me diz: "Tio, vou levá-lo a um ex-aluno meu, que é excelente médico. Especializou-se em tal função e é um excelente profissional".

Segunda parte

O velho professor... (Ele não é idoso ainda) demonstra júbilo em relação ao seu aluno, não se sentindo inferiorizado com a capacidade dele. Por sua vez, ele ficou, de certo modo, retido no compromisso educacional, enquanto os seus alunos foram adiante nas pesquisas, nos cursos de especialização e tornaram-se excelentes. Embora ele procure atualizar-se, o jovem, o aprendiz com mais amplas possibilidades e ambições segue adiante, avança, alcançando patamares mais elevados. Isso é fantástico. Por que não deve ocorrer o mesmo no Centro Espírita?

Aqueles que aprenderam conosco, que conviveram, que realizaram uma formação doutrinária mais profunda, merecem ocupar os lugares onde possam exercer as suas possibilidades de auxílio. Deveremos ter o prazer de ceder-lhes o lugar, e ficarmos ao lado auxiliando-os.

Neste ano reunimos a diretoria da nossa Casa e transferimos todas as nossas responsabilidades e os cargos para os companheiros mais jovens, embora amadurecidos e devotados ao trabalho por motivos óbvios.

Dissemos-lhe sobre a aproximação da minha desencarnação e eles protestaram. Mas não nos iludimos. Afinal, o conhecimento do Espiritismo trabalha-nos a libertação dos denominados apegos. E embora dissessem que não era justa essa preocupação, mantivemo-la tranquilamente. Morre o recém-nascido, quanto mais o nascido há oitenta e quatro anos!

Quando eu completei 80 anos, recebi o convite da Federação Espírita Espanhola para poder participar do 6º Congresso Mundial de Espiritismo (do CEI), em 2010, em Valência.

Calculei que, com 80 anos, logo mais, na data prevista, eu estaria muito mais idoso e desgastado. Pensei em declinar da generosidade do convite, mas deixei para pensar na questão um pouco depois.

Quando estou em Salvador, todos os dias, às nove da manhã, a benfeitora Joanna de Ângelis dita, por psicografia, uma página e volve aos seus compromissos espirituais.

Sento-me à mesa de trabalho, que fica ao lado do computador. Como ainda psicografo com esferográfica, ao terminar, logo que tenho oportunidade, procedo à digitação.

Em determinada manhã, em vez de afastar-se, como é do seu hábito, ela permaneceu em pé. Eu estranhei esse comportamento, e apesar de quase nunca propor perguntas aos bons Espíritos, considerando a minha preocupação com o Congresso Mundial, eu solicitei-lhe ajuda para o que deveria responder ao amigo que me fizera o convite, já que ainda teria três anos pela frente.

Ela sorriu e propôs-me: "Aceite, meu filho".

Fiquei jubiloso, porque ali estava demonstrado que eu ainda teria uns três anos no corpo físico.

De imediato, respondi ao caro Presidente da Federação Espírita Espanhola informando que eu aceitava o convite.

Um mês depois, aproximadamente, eu recebi da Sociedade Espírita Francisco de Assis, de Ponta Grossa, no Paraná, o convite para falar no seu centenário, em 2012. Fiquei perplexo, pois eu na ocasião estaria com 85 anos... Deixei para responder depois.

Nesse ínterim, para minha grande surpresa, após haver ditado uma página, em outro dia, ela não se retirou.

Tomado de emoção, falei-lhe: "Minha irmã, os nossos companheiros de Ponta Grossa estão convidando-me para a celebração dos 100 Anos da Sociedade Espírita Francisco de Assis, em janeiro de 2012. E eu não sei o que responder".

Eu tinha certeza de que ela iria dizer como da vez anterior: "Aceite, meu filho".

Fiquei sorrindo em expectativa e ela indagou-me, como se não houvesse entendido: "Quando será?".

Contestei rapidamente: "Em 2012...".

E ela redarguiu, sorrindo:

— É, meu filho, temos que orar muito!...

Bem, já venci 2010, estive em Valência, 2011 está desencarnando. E 2012 vem aí...

Com satisfação imensa deveremos ceder o lugar aos que vêm depois.

Não somos donos de nada e os cargos devem sempre ser vistos como encargos valiosos, oportunidades sublimes de elevação e, na condição de mordomos, cabe-nos ceder o lugar aos que vêm depois e que serão, naturalmente, nossos substitutos.

Perri: A questão apresentada por uma Federativa, cita *Obras Póstumas*, no capítulo *Constituição do Espiritismo*, em que Kardec se refere à força moral e à estabilidade que a Doutrina dos Espíritos nos oferece. Mas nós notamos que muitas vezes, à frente de Instituições Espíritas e em suas reuniões decisórias, há pessoas e dirigentes que as colocam em risco, dando margem a cisões, que muitas vezes se repetem. O que fazer?

Divaldo: Vigiarmos as *nascentes do coração*, como disse Jesus. A nossa força, o nosso valor deve sempre ser de natureza moral. Quando começarem a surgir essas divisões lamentáveis, fomentadas pelo egoísmo de uns e pelo orgulho de outros assolados pelas forças adversárias do Bem, que tenhamos a humildade de não entrar em litígio. Devemos perseverar no bem, porque essa é a demonstração da nossa resistência moral.

Eu me recordo que, no ano de 1957, um sobrinho de Chico Xavier, Amauri Pena, declarou à Imprensa que as obras publicadas pela Federação Espírita Brasileira, como se fossem da psicografia do médium Chico Xavier, eram todas elaboradas pela própria Editora. E o Chico, em consequência, era um instrumento maleável na mão desses diretores.

O frei Boaventura Kloppemburg, que desencarnou há pouco, em Novo Hamburgo (RS), foi um terrível adversário do Espiritismo e, diante disso, assim como de outras declarações do Amauri, foi a Pedro Leopoldo, em junho daquele ano, entrevistar e criar embaraços ao nobre médium mineiro.

Segunda parte

Em razão da calúnia bem urdida, a Imprensa publicou em primeira página, em muitos periódicos, que Chico Xavier era um farsante. O próprio sobrinho havia-o denunciado.

Naqueles dias, frei Boaventura havia-se atrevido a desafiar o Chico pessoalmente. O doutor Rômulo, que era o Diretor do Órgão do Ministério da Agricultura onde o Chico trabalhava, permitiu que o sacerdote visitasse o servidor, mantendo um breve diálogo.

O suave e doce Chico, com aquele jeito muito especial, desarmou o visitante, que se apresentava prepotente, presunçoso. Era um homem erudito nos dogmas da Igreja. Houve um momento em que ele ficou olhando o Chico com muita força, demoradamente, e o Chico, contemplando-o enternecido... Então, Emmanuel informou ao médium: "Chico, ele está tentando hipnotizá-lo, tenha cuidado".

Chico sorriu, algo matreiro e respondeu mentalmente: "Ah! meu irmão, entre mim e ele há uma catarata no olho. Ele não vai conseguir hipnotizar-me".

E não conseguiu. Fosse pela catarata ou não, o perseguidor perdeu...

Mas, naquela noite, um dos repórteres de um dos prestigiosos jornais de Minas Gerais, com certa petulância e atrevimento, pôs-se a fazer perguntas grosseiras ao Chico, antes da reunião no Centro Espírita Luiz Gonzaga, tentando envolvê-lo contra o sobrinho, terminando por indagar:

— O que você acha do seu sobrinho?

O rapaz era um psicopata. Tão enfermo que foi internado num sanatório, na cidade de São João da Boa Vista, no interior de São Paulo, onde se suicidou, jogando álcool sobre o corpo e ateando fogo.

Ante a indagação, Chico abaixou as vistas e elucidou:

— Meu sobrinho é um homem de bem. O Amauri é um bom cidadão.

— Mas ele disse que você mistifica. Que essas obras não são dos Espíritos, mas que são da sua lavra intelectual e da Federação Espírita Brasileira.

— Se ele o disse, deve ter motivos para assim proceder. — redarguiu o médium — Agora uma coisa eu peço, que me permitam a honra de continuar fiel ao trabalho abraçado em nome de Nosso Senhor Jesus Cristo, até a minha morte. E considero o assunto encerrado. Deem-me licença.

E afastou-se, indo na direção das pessoas que aguardavam atendimento.

Posteriormente, soube-se que Amauri recebera determinada importância em dinheiro para mentir contra o tio que era generoso para com ele. Prometeram-lhe um noivado, porque ele era um rapaz muito perturbado, embora portador de uma mediunidade expressiva, mas muito endividado espiritualmente. Ele houvera psicografado um poema, ditado pelo Espírito Camões, chamado *Brasílidas*, com semelhança de estilo ao *Os lusíadas*. O professor Rubens Romanelli referiu-se-me a esse fato. Eu tenho algumas das suas psicografias, que me foram oferecidas pelo próprio Amauri...

Segunda parte

Era uma mediunidade com excelentes possibilidades, mas tratava-se de faculdade atormentada. Os Espíritos do mal também utilizavam-no. E desejaram criar esse embaraço com o Chico, que sobreviveu em paz, graças aos valores da sua força moral e grandiosa abnegação cristã.

Quarenta e cinco anos depois, quando Chico Xavier desencarnou, a Imprensa do país, em primeira página exaltou-lhe as qualidades morais, engrandeceu-o, como um verdadeiro líder, um paladino, um apóstolo, demonstrando como tudo passa, inclusive, a calúnia, o crime, a alucinação...

Então, a nossa força moral deve prevalecer. Não devemos entrar em litígio com ninguém, porque o bem triunfará no momento adequado. Às vezes, isso dá-se um pouco depois da hora que queríamos que se apresentasse, mas, apesar disso, sempre ocorre. E é o que importa.

Perri: No período em que estamos vivendo, alardeia-se muito a ida, a vinda de Espíritos, a identificação de Espíritos reencarnados, informações sobre crianças índigo, cristal, anúncios de catástrofes, e vários outros fatos que são modismos. Não seria um meio de se tirar o foco das Casas Espíritas e dos espíritas dos trabalhos mais prementes, efetivos, produtivos?

Divaldo: As revelações espirituais têm o crédito que merecem, de acordo com o seu conteúdo. Devem ser passadas adiante, quando edificantes, mas não se tornarem o foco básico da Casa Espírita. Os autores das crianças índigo e cristal, afirmam que nós não devemos rotulá-las dessa ou de outra maneira qualquer... Eles se utilizaram da expressão por causa da tonalidade da aura, desse modo identificando-as. Mas insistem que a criança deve ser sempre considerada como tal, sem qualquer tipo de destaque.

Eu abordei esse tema algumas poucas vezes, em diferentes lugares. O primeiro foi na cidade de Chicago, em um seminário para americanos. Ao terminá-lo, vários participantes pediram que fosse retirado do computador e publicado em livro, o que foi feito com o auxílio da doutora Vanessa Anseloni.

Logo depois, o tema começou a aparecer em outras obras e as pessoas desavisadas apropriaram-se-lhe, tornando-o vulgar.

— Fulano é índigo ou não é índigo? — passou a ser uma interrogação constante.

Como sabê-lo, porém, sem o conhecimento cuidadoso da sua conduta?

Naturalmente, existem algumas características pertinentes a esse tipo de criança, mas que não são definitivas. Tratam-se de alguns sinais que demonstram a diferença de conduta intelectual e moral.

Não há muito, vivenciei algo muito curioso em relação a essas crianças da Nova Era. Eu estava em viagem pelo interior de Goiás, depois do carnaval. Hospedei-me na residência de confrades amigos. Enquanto conversávamos, acercou-se-me uma menina de 3 anos. Eu estava acompanhado por um amigo muito curioso, que sempre está fazendo perguntas. A criancinha muito vivaz, anunciou-nos:

— Tio Divaldo e tio Fulano, a minha cachorrinha vai parir...

Segunda parte

— Não diga! — foi a minha resposta. Todos sorrimos e ela se foi.

À noite, quando voltamos da palestra, o meu amigo, para ser gentil, perguntou-lhe:

— Olá! A sua cachorrinha já teve neném?

Ela respondeu:

— Não, ela teve cachorrinhos.

Todos sorrimos, porque a resposta foi inesperada. Ele olhou-me e rilhou entre os dentes, também sorrindo:

— Mas que pestinha!?

Eu concluí, mentalmente: Deve ser índigo. Porque, aos três anos...

Mas, eu não sabia que ia também padecer nas suas perguntas. Fiquei sentado, ela veio, pôs a mão no meu joelho e perguntou-me:

— Tio Divaldo, eu quero lhe fazer uma pergunta.

— Pois não!

— Quem fez Deus?

Pensei que ninguém nunca me fizera tal indagação. Olhei-a firme, olho no olho, e respondi-lhe com serenidade:

— Quem fez Deus foi o amor.

— Hum! E quem fez o amor?

— Foi Deus.

— É lógico, né?...

E saiu.

Concluí que era índigo, em razão do raciocínio lógico, precoce para a idade em que estava.

Quanto a essa questão sobre o fim do mundo, que também está na moda em toda parte, por causa do calendário Maia que agora foi desmitificado por um grande paleontólogo, que publicou num jornal de São Paulo, assim como na internet, informações preciosas a respeito dos vários calendários daquele povo, que não tinham nada a ver com tal questão.

Esse *fim do mundo*, refere-se ao de natureza moral e não ao geográfico, conforme se encontra no Evangelho, quando Jesus aborda o Sermão profético, conforme Lucas, e João nos oferece o *Apocalipse*.

Essas informações têm como objetivo chamar-nos a atenção para a transformação moral para melhor, para a renovação dos estímulos em relação ao Bem, para termos cuidado, para trabalharmos mais pela autoiluminação.

A tarefa do Centro Espírita não é a de utilizar-se dos modismos, das curiosidades que surgem amiúde, dando-lhes validade, mas a de ajudar-nos, a todos, na conquista da autoiluminação, que é o essencial para a nossa vida, não nos desviando dos objetivos básicos propostos pelos bons Espíritos através da Codificação Espírita.

Perri: Há uma pergunta relacionada com o tema que está sendo discutido. De que forma a arte pode ser útil na divulgação da Doutrina Espírita? E quais os cuidados que precisamos ter no Centro Espírita?

Divaldo: A arte saudável! Recordemos as palavras do Codificador: "Houve a arte pagã e a arte cristã. E, no momento próprio, haverá a arte espírita".

Mas não devemos confundir as aberrações que estão em moda com expressões de arte. Houve um período, nos anos 1950 e 60, quando surgiram as paródias, em que se tomavam músicas famosas e introduziam-se-lhes letras ditas espíritas. Era interessante, mas não chegava a ser arte musical, conforme enunciada pelo Codificador.

Eu nunca me esqueço, que estava na moda, àquela época, o que fizeram com a música paraguaia Ypacaraí. Uma música linda... Oportunamente, numa cidade, eu ia proferir uma palestra, quando, na chamada "parte artística" que antecipava as conferências, uma jovem foi anunciada e pôs-se a cantar essa música, porém, com um texto dito espírita: Contam que Jesus certa feita estava ante o lago de Genesaré... — dizia a letra nova.

Sucedeu-me algo desagradável: em vez de eu acompanhar Jesus na Sua peregrinação, recordei-me da índia do lago Ypacaraí, porque era a sua marca definidora do conteúdo.

Então, começaram a surgir músicas de mau gosto, até que, nesse cenário, apresentou-se o inspirado compositor João Cabetti, aliás, bastante esquecido entre nós, os que nos beneficiamos das suas composições... Tenho notado que lhe cantam as músicas e não lhe citam a autoria. Esse comportamento é prejudicial e incorreto, utilizarmo-nos do trabalho dos outros e não nos referirmos ao seu autor.

Já tenho certeza de que aqui muita gente não sabe quem é João Cabetti. Ele foi um excelente espírita, trabalhador da Causa na cidade de Cruzeiro, no Vale do Paraíba. Um homem de muito bons princípios, dedicado, um artista incomum. Ele escreveu letras belíssimas e compôs músicas excepcionais. Já existem, felizmente, várias gravações portadoras de grande beleza. Entre outras, uma das suas músicas aborda a guerra e outra traz uma interrogação: para onde vão as almas das andorinhas? E assim por diante. Trata-se, nesse caso, de uma das expressões da Arte espírita.

A Federação Espírita do Estado da Bahia ofereceu-nos, há pouco, na abertura do seu Congresso, um momento de arte, mas de arte espírita. Fascinante! Quase que não precisava da palestra, porque o espetáculo, muito bem apresentado, contou a história do Espiritismo. As estrelas que estavam nos céus caíram sobre a Terra, era o tema inicial, inspirado no prefácio de *O evangelho segundo o espiritismo*. Aparecerem as pessoas erguendo lanternas e, então, de uma forma rítmica, e delicada, com belas músicas, foram surgindo o momento do Decálogo, quando Moisés recebeu as Tábuas da Lei, o instante da chegada do Cristo, e logo depois, a apresentação do Espiritismo.

Já estamos com a arte espírita no cinema. As películas cinematográficas mais recentes, os espetáculos da dramaturgia inspirados na Doutrina Espírita, apresentados no teatro, retirados de algumas obras de origem mediúnica, sendo muito bem recebidos pelo público. Nesse conjunto, incluímos os jograis, os corais, que muito contribuem para a divulgação da Doutrina, assim como para o embelezamento das atividades doutrinárias.

Mas, deveremos ter cuidado, conforme nos diz Léon Denis no livro sobre a arte espírita, para que não se torne algo prioritário no Centro Espírita. E principalmente na mocidade, para que os jovens não busquem a Instituição exclusivamente por causa do espetáculo artístico, mas dele se utilizem para melhor integrar-se no labor doutrinário.

Trata-se de um complemento de que nos podemos utilizar, com os riscos normais que existem em qualquer realização.

Procuremos, desse modo, vigiar a fim de não incidirmos nos modernismos, nos excessos, nas apelações e em tudo aquilo que aparece como arte, sendo uma deformação do espírito artístico.

Perri: Uma Federativa encaminhou a questão, justamente citando Léon Denis, "O Espiritismo na arte" e fez a citação de que este autor escreveu que "dotarão a Humanidade de tesouros de arte, de poesia, cujas riquezas e dimensão não poderíamos medir no momento e que se tornarão para ela fonte inesgotável de júbilo, de verdade e beleza." A pergunta: nós já estamos vivendo esse futuro, esse momento?

Divaldo: Estamos preparando-nos para ele, porque também já se encontram entre nós os Espíritos missionários das artes. Eles já estão reencarnando-se. Vemos, em todo o mundo, crianças regendo orquestras, falando idiomas diversos que não estudaram... Aí estão espetáculos extraordinários de reencarnação, quais os de cegos de nascença pintando obras de alto quilate artístico. Então, também a arte espírita vai ter os seus missionários, que nos encantarão com o material extraordinário que procede do Mundo Espiritual. A película cinematográfica *Nosso Lar* está sendo exibida agora nos Estados Unidos e no Japão. Recebemos a informação de que já está traduzida ao inglês, portanto, alcançando outros países onde se fala esse idioma...

Quando lograríamos isso, se não fosse através do cinema, através das Artes Cênicas? A Federação Espírita Brasileira, desde 1944 até o começo do ano passado, vendeu quase dois milhões de exemplares do livro *Nosso lar*. O filme, em um mês, foi assistido por mais de dois milhões de pessoas. As obras espíritas, especialmente as de Allan Kardec e de André Luiz, passaram a ser mais vendidas, encontram-se gravadas em DVDs, em leituras virtuais, na internet... Então, a arte é um caminho extraordinário para a divulgação. A nossa preocupação deverá ser a de manter a qualidade doutrinária em todas as formas de apresentação.

Perri: Como devem agir as Federativas e os Espíritas junto à sociedade, nos fóruns e nas atividades sociais que impactam as leis e o destino da sociedade?

Divaldo: O Codificador, falando sobre os vários períodos por que passaria a Humanidade, disse que o último seria o da transformação social. Então, o Espiritismo tem recursos para contribuir grandemente em favor da construção da sociedade melhor. Não nos podemos omitir, quando convidados a opinar. Não podemos, em nome da falsa humildade, estar ausentes dos movimentos sociais, daqueles que objetivam atender a comunidade.

Causou um grande impacto, a fotografia do presidente da FEB entregando o livro *Brasil, coração do mundo, pátria do evangelho* à nossa presidente, senhora Dilma Rousseff. Além de ter ficado bonita, foi oportuna, pois o caro Nestor, ao ser informado de que a presidente passaria por ali, decidiu presenteá-la com o excelente livro. Ela ficou realmente feliz ao recebê-lo, e tenho certeza de que foi lê-lo, ou olhá-lo, pelo menos por curiosidade

Então, a omissão é um pecado tão grave, quanto o é a perturbação.

Convidados para servir na sociedade, na elaboração de leis, nos movimentos como aqueles contrários ao aborto, à eutanásia, ao suicídio, cabe-nos estar presentes, aliás, conforme tem ocorrido, sendo importante a participação dos espíritas, porque não podemos estar marginalizados da sociedade. Graças a esse comportamento, temos protelado, que essa lei criminosa em favor do aborto provocado se torne realidade. O movimento, por exemplo, para acabar com a pobreza, não nos pode encontrar de braços cruzados. Vamos participar dessas atividades dignificadoras da sociedade, mas que isso não seja a nossa prioridade, mas uma consequência dos nossos trabalhos doutrinários, dentro do ângulo da caridade recomendada pelo Codificador.

Perri: A última questão está relacionada com o Sesquicentenário próximo de *O evangelho segundo o espiritismo*. Inclusive hoje o Conselho Federativo Nacional deu um passo, definindo alguns rumos para o 4º Congresso Espírita Brasileiro para o ano de 2014. E o Conselho Espírita Internacional também já definiu, antecipando um pouquinho, que no ano de 2013, o Congresso Espírita Mundial, que será realizado em Cuba, terá também a temática do Evangelho. Nós perguntamos a você: o que representa *O evangelho segundo o espiritismo* neste momento em que estamos vivendo?

Divaldo: *O evangelho segundo o espiritismo* é a obra que coroa a Codificação. *O livro dos espíritos* é a filosofia que responde a todos as questões afligentes que a criatura humana traz no seu bojo, desde os primórdios. *O livro dos médiuns* oferece-nos o campo investigativo da ciência para comprovar a sobrevivência e a comunicabilidade dos Espíritos. *O Evangelho* é Jesus de volta. É a parte dúlcida do Espiritismo, em que o Mestre retorna com toda a sua exuberância, na condição de Paracleto, de Consolador, de Iluminador de consciências.

Não que os outros livros, *O céu e o inferno* e *A gênese* não tenham, também, extraordinários valores. Mas *O Evangelho* é o apoio moral. É a estrutura básica. É o retorno dos dias encantadores em que Jesus esteve conosco. Muitas vezes, começo a pensar como seriam aqueles dias, fazendo paralelo com os nossos. Ante a dureza dos tempos modernos, eu me pergunto: Meu Deus! Onde estão aqueles pobres, a que *O evangelho segundo o espiritismo* se refere? Onde estão as ações caridosas daquela dama, tão bem relatadas, que saía pelos bairros pobres de Paris, distribuindo recursos aos mais infelizes, e que levava a filha? Os pobres de hoje são tão revoltados, anatematizados por várias aflições! E os generosos estão estressados. Dizem-se cansados, aturdidos. *O Evangelho* é a água lustral para nos propiciar a verdadeira harmonia interior. Para mim tem sido o guia de todos os momentos. Leio-o todos os dias. Em cada instante procuro reflexionar e repito aquilo que

Segunda parte

um grupo de americanos realizou nos anos 1940 do qual nasceu o livro *Em seus passos, que faria Jesus?*

Toda vez, quando sou defrontado por um desafio e tenho dificuldade de discernir para acertar no menos prejudicial, eu pergunto-me: "O que Jesus faria nesta situação?".

Abro, então, o Evangelho por acaso, esse acaso telementalizado, e a resposta, às vezes, é tão severa que eu tremo, parecendo que é o próprio Mestre quem me responde.

Como tivemos um grande encantamento pelo sesquicentenário de *O livro dos espíritos*, como celebramos com menos brilhantismo o de *O livro dos médiuns*, porque um grande número de espiritistas e de médiuns nunca o estudaram profundamente, nem o leram com a atenção que merece, que, pelo menos, no sesquicentenário de *O evangelho segundo o espiritismo*, possamos fazer que ele chegue ao maior número possível de criaturas humanas, que cada um de nós seja-lhe agente multiplicador das mensagens libertadoras. Que as nossas Federadas possam imprimir muitos exemplares através da FEB ou por conta própria, para o divulgarmos ao máximo, porque o mundo chora, o mundo sofre e tem necessidade de conforto moral. As dores são crescentes. O desespero toma conta da sociedade em todos os segmentos. E *O evangelho* é o lenço que enxuga as lágrimas, que retira o suor mas, é, também, a estrela polar, que está à frente apontando os rumos para que sigamos na direção de Jesus, que é a Estrela de Primeira Grandeza existente com todo o fulgor.

Perri: Agradecemos ao Divaldo a paciência, atendendo a essas questões que foram encaminhadas previamente pelas

Entidades Federativas Estaduais, valorizando a todas elas e ao próprio CFN. Agradecemos aos presentes e devolvemos a palavra ao Presidente da FEB.[11]

Encerramento da reunião

Fala do Presidente da FEB:

Renovamos também ao Divaldo a gratidão já manifestada em nome da Federação Espírita Brasileira e solicitamos-lhe proferir a prece de encerramento.
Prece Final por Divaldo Pereira Franco:

Amigo Divino,

Convidaste-nos ao banquete de luz do Teu Evangelho restaurado.

Demo-nos conta que não estávamos possuidores da veste nupcial para participarmos do ágape, nada obstante, a Tua Misericórdia propiciou todos os recursos necessários para que nos apresentássemos em condições.

E graças a isso, estamos diante da Tua Misericórdia, na abençoada e renovadora tarefa de autoiluminação.

Temos conseguido vencer as imperfeições que nos caracterizam, porque Tu tens sido sempre misericordioso para conosco, sem importar-Te que somos os últimos chegados...

---

[11] N.E.: A presente entrevista foi refundida por Divaldo Pereira Franco, que procurou ajustar as respostas à linguagem escrita, dando-lhes melhor forma, sem alteração do seu conteúdo. Algumas perguntas e respostas foram publicadas em *Reformador*, edição de fevereiro de 2012.

Segunda parte

Dispensa-nos o mesmo carinho que ofertas àqueles primeiros, que se encontram em triunfo.

Não permitas, então, que nos afastemos da senda, porque Tu nunca nos abandonas.

Ajuda-nos nos momentos da indecisão.

Socorre-nos ante as debilidades que nos são peculiares.

E porque encerramos um capítulo das atividades deste dia, ainda suplicamos-Te bênçãos antes de agradecermos a Tua presença através dos Espíritos nobres, que sempre estão conosco e, em particular, aqui se encontram entre nós neste momento.

Permite, deste modo, que em Teu nome e em nome de Deus, evocando a proteção da Mãe Santíssima e dos Espíritos mentores do Brasil e do Movimento Espírita na Terra do Cruzeiro, que o nosso Diretor-Presidente encerre a atividade da noite.

3
TERCEIRA PARTE

Mensagens do Espírito
Bezerra de Menezes recebidas pelo
médium Divaldo Pereira Franco

3.1
Testemunhos de fé

Filhas e filhos do meu afeto, que Jesus nos abençoe!

Nos dias que transcorrem no mundo, há infelicidade e considerável poder, por meio do qual são manipuladas as vidas, de acordo com as paixões dos dominadores. Disputa-se, na Terra contemporânea, o prazer exacerbado até o desgaste orgânico por exaustão.

Vivenciam-se a opulência e a extravagância, retidas como sendo as condutas dos que se encontram no carro alegórico da fantasia, enquanto a miséria expia envergonhada e trucidada pela fome e pelas expressões variadas da própria desdita.

Debatem-se temas de secundária importância, atribuindo-lhes altos significados nos lugares da vaidade dourada, enquanto os problemas de emergência aguardam nos gabinetes da ociosidade e da indiferença de diversos governos.

O ser humano, aureolado pelas conquistas da ciência e da tecnologia de ponta, tornou-se descartável depois de usado para a glorificação enganosa dos atormentados.

Experiencia-se o momento da ficção, em que a imaginação, em desordem, elabora projetos impossíveis, olvidando as realizações imediatas e salvadoras de vidas. Tudo isso porque o homem que pretende conquistar as estrelas, ainda não logrou conquistar o continente da própria alma.

Há espetáculos de grandeza de fora e há tragédia na intimidade do ser.

Luzes ofuscantes exibem a nudez despudorada, enquanto sombras ocultam as virtudes do bem.

É natural que isso ocorra no desvario a que as criaturas humanas se têm entregado.

Mas surge nova luz, a meridiana luz do Cristo, penetrando os arraiais do ser interno para que possa fulgurar exuberante nas paisagens humanas.

Receber Jesus, desvelado pela Revelação Espírita, é alterar em profundidade o conceito da vida e modificar o comportamento.

Diz-se que este é o momento de gozo, e que todos devem aproveitá-lo, tendo em vista a transitoriedade do carro material.

Equivocam-se todos aqueles que assim pensam e, dessa forma, se comportam, porque o objetivo essencial da vida, que passa rápido no corpo, é o de construir a perenidade do ser feliz.

Se Jesus não tivesse sofrido a traição do amigo, nem a negação do companheiro, caso não houvesse sido entregue aos Seus inimigos para sofrer as humilhações, a lapidação pela chibata, a coroação, e os ridículos da massa enlouquecida pelo açodar de seres espirituais perturbadores, culminando nessas horas de tragédia na cruz, não teríamos a ressurreição gloriosa na inolvidável madrugada, quando retorna do sepulcro vazio para entronizar-se no coração dos Seus amados.

Se elegeis Jesus, meu filhos e filhas da alma, é natural que experimenteis dificuldades, e que a dor, uma ou outra vez, vos aplique o dardo da aflição.

O cristão verdadeiro não é aquele que ostenta homenagens e condecorações, mas sim o que guarda na alma as cicatrizadas feridas do testemunho, em nome da fidelidade ao ideal.

No ano 286, depois de grandes vitórias, Maximinus, o general conquistador, atravessa a cidade de Agaunum, na Suíça atual, e descobre aqueles que considera inimigos do Império. Dominado pelas Fúrias, propõe ao capitão Maurício, da legião tebana, que destrua aqueles bárbaros inimigos. Maurício, cujo nome significa mouro convertido, descobre que os denominados inimigos do Império são discípulos de Jesus e nega-se a matá-los. Maximinus, invadido pelo desespero e revolta, no seu orgulho de comandante, decreta que sejam dizimados todos aqueles que se neguem às suas ordens. Em cada 10 soldados sorteados, morre um, terminando pelo extermínio geral, porque todos se negam a matar...

... E a legião tebana ficou célebre na historia do Cristianismo, quase transformada em um mito por amor ao Crucificado Imortal.

Logo depois, começam os dias de Diocleciano.

A partir de 301, por meio de três editos, o imperador desencadeia a mais cruel e perversa perseguição aos filhos do calvário, em todas as terras vencidas pela águia.

Mas a grande dor é a véspera da mudança de óptica do Império por meio de Constantino.

Contemplando esses passados dias, perguntamos: não foram mais gloriosos os dias do martirológico do que aqueles em que o nome do Cristo foi associado ao poder temporal e deixou a condição de vítima para ser algoz da Humanidade que O ignorava?

A dor, filhas e filhos da alma, é ainda o aguilhão que impulsiona para frente.

Não vos desespereis, quando fordes alcançados pelo seu espículo.

Sem qualquer masoquismo, exultai, porquanto, no mundo, ainda, qualquer ideal de beleza, de honradez, de crescimento do bem da sociedade, tem o preço do sacrifício do idealista.

É por isso que a doutrina de Jesus é chamada a Boa-Nova — as boas novas de alegria —, porque apresenta o júbilo da imortalidade triunfante.

Permanecei fiéis à escolha de Jesus.

Pagai, quando necessário, o preço pela honra de O servir.

Expandi-Lhe o nome, porque o mundo chora na loucura em que estertora.

A máscara dos sorrisos, em muitas faces afivelada, traz o sabor amargo da ironia e do desencanto.

Ponde-lhes o júbilo real na consciência tranquila, filha do caráter reto, e sede vós aqueles que iniciam a Era Nova preparando os bem-aventurados dias do porvir, nos quais, viveremos juntos.

Vossos amigos espirituais, os benfeitores que a cada um de vós inspira e conduz, assim como os mentores das instituições onde mourejais, aqui conosco, tornam o pobre servidor, mensageiro da sua ternura, de todos eles, do seu estímulo, para que deixeis o mundo interno negativo, a fim de que brilhe a luz do Cristo nesse mesmo mundo em penumbra, ao iniciar-se a alvorada nova.

Que o Senhor de bênçãos vos abençoe!

São os votos do servidor humílimo e paternal,

Bezerra

(Mensagem psicofônica recebida pelo médium Divaldo Pereira Franco, na reunião dos Grupos Espíritas da Califórnia, na manhã de 8 de abril de 2003, em Los Angeles-CA, EUA).

3.2
Em nome do amor

É assim o amor, portador de grandes milagres!...

É assim que nos devemos comportar em todos os dias das nossas vidas.

Essa é a nossa atitude, legatários que somos do amor de Deus nestes tumultuados dias da Humanidade.

Ouvistes a proposta do amor nestes três dias.

Acompanhastes a trajetória do amor por meio das mensagens que vos foram dirigidas.

Sentistes o calor do amor em vossos corpos e a sua proposta em vossas emoções.

Ide, agora, e incendiai a Terra!...

O amor, quando alcança as paisagens do coração, arde e nenhum vendaval logra apagar a chama que crepita, transformando aquele que a carrega em um facho de luz.

É noite na Terra, filhos da alma, e é indispensável que vos transformeis em estrelas para diminuir a escuridão que se abateu subitamente sobre a sociedade.

Jesus chama-nos há dois mil anos, e o Consolador convoca-nos para que não digamos amanhã...

Agora, meus filhos, é o instante de atearmos o incêndio que irá renovar as paisagens ermas do planeta de provas, a fim de que logo mais a regeneração tome conta de todos os corações.

Não postergueis a oportunidade de amar.

Não revideis ofensa por ofensa, nem mágoa por mágoa ou dardo por dardo.

Convocados a expor a verdade, não vos transformeis em sicários de outras vidas.

Envolvei a verdade na lã do Cordeiro de Deus e atirai-a naqueles que dormem na ignorância ou que se encontram anestesiados pela ilusão, lembrando-vos de Jesus afirmando: "Eu venci o mundo".

Nem todos vencereis no mundo, mas se quiserdes vencereis, sim, o mundo das paixões perturbadoras e perversas...

Ide, pois, e amai!...

Esta é a hora de instaurardes na Terra a proposta de Jesus construindo o mundo novo que já se encontra em vossos corações.

Muita paz, meus filhos!

Com um abraço carinhoso, o servidor humílimo e paternal de sempre,

BEZERRA

(Mensagem psicofônica recebida pelo médium Divaldo Pereira Franco, no encerramento da VI Conferência Estadual Espírita, em 25 de abril de 2004, no Palácio de Cristal, em Curitiba-PR).

3.3
O hábito da oração

No momento em que nossa mente silenciar as torpezas, a partir do instante em que procurarmos a quietude com Deus, e estabelecermos um vínculo de amor com a Divindade, nossa vida será um ato de oração. Então, os tormentos de fora não nos perturbarão, o vozerio, os clamores das inquietações em volta não lograrão atingir-nos.

Chegamos a este momento de desaires e de angústias por imprevidência.

Nada obstante saibamos das recomendações do Mestre, ainda preferimos o tumulto.

Há necessidade imperiosa, meus filhos, de nos aquietarmos para que o Senhor possa falar no ádito dos nossos corações aquilo que nos pode servir de diretriz para a segurança pessoal.

Tornasse-nos indispensável a perfeita identificação com o Pai por meio da oração.

Alguém se tornou adversário infeliz da nossa existência? Oremos por ele, porque perdeu a direção de si mesmo.

A calúnia foi atirada à nossa frente para embaraçar os nossos pés? Oremos, suplicando ao Senhor da Vida que ilumine o caluniador e dê-nos resistência para superar a circunstância desagradável.

A traição cavou um abismo e nos empurra com o sorriso dos indiferentes? Oremos ainda aí em favor do companheiro equivocado, suplicando forças para não tombarmos na sua cilada.

Orar é abrir a alma para Deus, esvaziando-a das paixões, dos limites e das fixações negativas, para que Deus preencha esse espaço com plenitude.

Fostes honrados com a dádiva do conhecimento espírita; dialogais com aqueles que vos precederam na viagem de volta à grande família; sabeis que não cai uma folha da árvore, ou um fio de cabelo das vossas cabeças que não seja pela vontade do Pai, graças às suas Leis.

Tende coragem! O infortúnio é um acidente de percurso em vossa viagem de evolução. O sofrimento é uma experiência para avaliação das conquistas espirituais de que sois portadores. A carência afetiva e a solidão constituem um resgate imperioso do mau uso da afetividade que foi conspurcada.

Em qualquer situação, tendes a claridade da *Lei de Causa e Efeito* para entender, mas dispondes da oração para, em comunhão com Deus, superardes os impedimentos nas dificuldades. Não vos desespereis! Nunca estareis sós!

Podereis isolar-vos, mas o Pai não vos deixará sem a Sua presença.

Podereis fugir do suave convívio, mas Ele, por meio das imarcescíveis leis, espera-vos um pouco adiante.

Enxugai, então, o suor do desespero, as lágrimas da aflição e buscai a resignação da confiança orando, porque, por meio da oração, atingireis a meta que buscais — a paz interior que Dele dimana.

São estes momentos cruciais. Mesmo os escolhidos correm perigo, neste momento de grande seleção.

Tende tento, e porfiai até o fim.

Não vos considereis exitosos antes de encerrada a experiência carnal. Muitas vezes, uma viagem não se conclui, porque, na etapa final, há um abismo sem ponte.

Esperai por Deus, pela glorificação depois da mortificação.

Que o Senhor nos abençoe e, que Sua paz siga conosco e vos leve aos vossos lares em clima de harmonia.

São os votos do servidor humílimo e paternal de sempre,

BEZERRA

(Página recebida por psicofonia, pelo médium Divaldo Pereira Franco, ao término da sua conferência, no Grupo Espírita André Luiz, na noite de 11 de agosto de 2004, no Rio de Janeiro-RJ).

3.4
Convite à luta

O Mestre não nos propôs a felicidade na Terra, mas asseverou-nos que aquele que fosse fiel até o fim, este ganharia a palma da vitória.

Bem sabemos que não é fácil, nestes desafiadores dias de ciência, de tecnologia e de comodidade, ser espírita. Mas lembrai-vos: ser espírita é a honra que deveis disputar, porque o Espiritismo, com o qual tendes uma dívida assumida antes do berço, é o único farol, nesta noite escura, para guiar os nautas da era nova.

Sois os preparadores dos novos tempos. Empenhai-vos mais, renunciai mais aos ideais personalistas em favor da glória estelar.

Jesus espera por vós.

Tendes-Lhe suplicado apoio e não vos tem sido regateado socorro.

Bem sabemos das vossas lágrimas ocultas, das vossas dores silenciosas, dos vossos esforços que ninguém anota, mas não há outro caminho.

Filhos da alma, recordai-vos que a *Via Crucis* é sempre solitária, como a estrada da Úmbria, percorrida por Francisco, também foi solitária. Mas depois da noite densa, nova madrugada surge, prenhe de luz, e o Mestre a quem amamos, braços distendidos, dir-vos-á: "Vinde, servidores do meu Pai, que fostes fiéis até o último instante, e agora fazeis parte da equipe dos que estão na Terra, trabalhando em prol da felicidade humana".

Exultareis como nós outros, agradecereis a coroa de espinhos, a taça de fel que sorvereis com alegria e prazer, porque não há glória sem luta e não há vitória no ideal sem testemunho.

Servidores da Boa-Nova, Deus vos abençoe! Filhos da alma, marchai! O amanhã, que hoje começa, espera por vós.

Recebei o carinho de todos nós, os espíritas-espíritos e os Espíritos-espíritas, na palavra do servidor humílimo e paternal de sempre,

BEZERRA

Muita paz, meus filhos.

(Mensagem psicofônica recebida pelo médium Divaldo Pereira Franco na reunião do Conselho Espírita Internacional, no dia 7 de outubro de 2004, em Paris, França).

3.5
Rogativa

Senhor!

Antes de agradecermos, desejamos prosseguir pedindo.

Invariavelmente, as rogativas da Terra são direcionadas ao Teu coração, suplicando em favor dos que sofrem. Permite-nos pedir-Te, neste momento, por aqueles que promovem o sofrimento.

É comum que Te roguemos pelos que são perseguidos, agora desejamos suplicar-Te pelos perseguidores.

A grande maioria pede pelos que passam fome, e nós queremos rogar a Tua Magnanimidade em favor dos fomentadores da miséria.

Há muita dor no mundo e o nosso coração compadece-se daqueles que, na sua alucinação, geram todas essas desditas que se acumulam na psicosfera terrestre.

A violência alcança índices quase insuportáveis de dor e é, por isso, que Te suplicamos pelos adeptos da agressividade que se comprazem em desencadear os conflitos e as dores acerbas.

Tu conviveste com a massa ignara; transitaste entre os poderosos de um momento; lecionaste o Teu amor dirigido aos infelizes de todo jaez e não olvidaste de pedir ao Pai que perdoasse aqueles que te não compreenderam, porque, de fato, eles não sabiam o que estavam fazendo.

Voltamos a pedir, humildemente, compaixão para os que perderam a direção da verdade, intoxicando-se na prepotência, na presunção, em todos esses hábitos infelizes da personalidade enferma.

Dá-lhes, Jesus, a chance de despertar para compreender que a existência na carne tem por finalidade a construção do bem.

Não temos outras palavras senão aquelas que aprendemos contigo, assinaladas pela compaixão, pelo amor, pela misericórdia que vertem de nosso Pai.

Então, recebe a guirlanda de flores dos nossos sentimentos em forma de gratidão, pela honra imerecida de conhecer-Te, de termos aceito o Teu convite para que pudéssemos trabalhar na Tua seara.

Mas, ajuda-nos a ser escolhidos quando terminarmos o labor, momentaneamente em nossas mãos. Permanece conosco ensementando amor nas vidas, mas libertando nossa vida das amarras hediondas que nos mantêm no primarismo que nos leva às defecções morais.

Sê conosco, portanto, Mestre, hoje e sempre, para que não desfaleçamos na luta porque, se contigo assim estamos, sem Ti o nosso será o fracasso irrefragável.

*

Porfiai, filhos da alma, nos vossos compromissos!

Reconhecemos que são, estes, dias muito difíceis. Mas, estais equipados com os instrumentos hábeis para os enfrentamentos típicos do cristão.

Não vos iludais com as quimeras nem as facécias do momento. Sede fiéis a Jesus, que nos tem sido fiel até agora.

Muitas vezes, ver-vos-eis envoltos por dificuldades e enfrentareis desafios que parecem insuperáveis.

Confiai em Jesus e observareis que com Ele tudo se resolve, enquanto sem Ele as dificuldades são intransponíveis.

Vencereis o egoísmo, conquistareis a paz interior e triunfareis, porque esta é a destinação de todos nós que viajamos no rumo da liberdade total.

Que Deus vos abençoe!

Com carinho, o servidor humílimo e paternal de sempre,

BEZERRA

Muita paz, meus filhos!

(Página recebida psicofonicamente pelo médium Divaldo Pereira Franco, no encerramento da palestra proferida na reunião do Conselho Federativo Nacional da Federação Espírita Brasileira, na tarde de 13 de novembro de 2005, em Brasília-DF).

3.6
Exortação de amor

Filhos da alma,

Vivemos dias muito difíceis: dias de agitação, de conflitos e de confrontos, dias de incertezas, de violência e de desencanto.

Mas Jesus teve ocasião de dizer-nos: *No mundo só tereis aflições. Lembrai-vos de mim, que venci o mundo.*

Ele não nos pede que abandonemos o mundo alienando-nos ou encarcerando-nos longe dos desafios existenciais.

Propõe-nos que vivamos no mundo exemplificando a Sua lição superior de misericórdia, sem nos permitirmos perder o senso direcional que nos leva até Ele; não nos facultando tergiversar no momento da eleição do que devemos fazer, pela opção que nos cabe escolher.

O Mestre, ontem, como hodiernamente, espera, meus filhos, que cada qual cumpra com o seu dever. E o nosso dever é amar e amar sempre até a exaustão.

Se alguém necessita de uma diretriz para uma vida ditosa, tome o amor como vínculo entre si e Ele, e verá que o amor jamais o defraudará.

Se alguém não sabe como equacionar um problema, pergunte ao amor, e o amor lhe dirá que a melhor equação é não prejudicar o seu próximo.

Se alguém estiver desfalecente, na luta, a ponto de abandoná-la, convide o amor, e o amor erguê-lo-á aos píncaros da plenitude.

Ser cristão é fácil, pois o único requisito exigido é amar, fazendo ao próximo tudo quanto gostaria que ele lhe fizesse.

Ide, portanto, filhos amados, ensementando a esperança, levando o pábulo divino às almas que têm fome de justiça e de verdade.

Armai-vos, vestindo a couraça da fé, utilizando-vos dos instrumentos da compaixão e da misericórdia, para que as vossas mãos enriqueçam-se de caridade, e, haja o que houver, não temais o mal na maravilhosa execução do bem.

Se fordes fiéis ao ensinamento dele, a paz povoará vossa mente, vossa emoção, vossos dias, vossas vidas, e nunca mais temereis, porque aquele que se Lhe entrega, mesmo morrendo, renasce para a vida eterna.

Ide, pois.

Que o Senhor de bênçãos vos abençoe, e que a Sua paz, dúlcida e misericordiosa, penetre-vos hoje, amanhã e sempre.

Muita paz, meus filhos.

São os votos do servidor humílimo e paternal de sempre,

BEZERRA

(Mensagem psicofônica recebida pelo médium Divaldo Pereira Franco, ao término da palestra proferida durante o Encontro na Creche Amélia Rodrigues, em Santo André-SP, no dia 26 de setembro de 2005).

3.7
Desafios da jornada

Filhas e filhos da alma,
Que Jesus vos abençoe!
Urge aproveiteis a presente reencarnação a fim de alcançardes a paz.
Vindes peregrinando por tormentosas experiências que hoje se refletem em colheita de aflições.

Transitastes por veredas quase impérvias, assinalando-as com a insensatez em forma de deboche em relação às divinas Leis, e de desrespeito à oportunidade libertadora.

Recebestes o legado da Verdade por meio da abnegação de luminares da Espiritualidade que, nos diferentes evos da História, assinalaram as conquistas humanas com a revelação imortalista, e, nada obstante, deixastes em plano secundário a proposta de iluminação interior, ante o prazer mesquinho e alucinante do gozo imediato e voraz.

Recebestes do exemplo de Jesus a mensagem incomparável do Reino dos Céus, e trocastes a diretriz libertadora pelos engodos terrestres.

Conhecestes mártires e Apóstolos com alguns dos quais convivestes.

Ouvistes o *cântico de Assis* e despertastes no Renascimento com a beleza da literatura e da arte, do conhecimento e das novas expressões de vida, para mergulhardes no abismo dos equívocos, transformando harmonia em desastre e equilíbrio em perturbação.

Veio Allan Kardec, o Apóstolo da Nova Era, e reacendeu a pira para que a Verdade pudesse iluminar a grande noite, quando a Ciência e a tecnologia, a Filosofia e a ética davam-se as mãos para conduzir a sociedade, distantes do sentimento de religiosidade e de certeza na Imortalidade.

E a Mensagem vos fascina.

Hoje, porém, filhas e filhos da alma, é o momento de a tomardes como pão que vitaliza a alma, introjetando-a para a viverdes intensamente.

Já não se justificam as calamitosas situações de ontem, nem existem desculpas para novos desaires.

No passado, recebestes informações, mas hoje tendes os fatos que anulam todas e quaisquer propostas que se lhes opõem.

Esta reencarnação tem um profundo sentido libertador para vós e assim o dizemos porque somos, pessoalmente, o exemplo de todos esses equívocos que a mensagem da Doutrina Espírita libertou.

Também percorri as mesmas veredas que vós outros, acumulando graves consequências que o Evangelho de Jesus, interpretado pela mensagem espírita, conseguiu diluir, ensejando-me renovação.

É por isso que, ostentando as condecorações do sofrimento na alma que se recupera de gravames, aqui estou como porta-voz dos espíritos-espíritas que mourejaram, na Federação Espírita do Paraná e na Pátria do Evangelho, para conclamar a que sigais: intimoratos e intemeratos, sem olhar para trás, sem temer.

Não recalcitreis ante o aguilhão que vos impulsiona ao avanço.

Não temais as situações dolorosas que certamente enfrentareis como parte do processo de elevação.

Segui confiantes, instaurando na Terra o Reino de Deus por meio da vossa dedicação.

O progresso é inestancável.

Conosco, sem nós ou apesar de nós, a fatalidade da perfeição será alcançada.

Não adiemos *sine die* esse momento de felicidade.

Encorajados pela certeza da sobrevivência e recordando os dislates das experiências transatas, programemos os futuros renascimentos em clima de paz, de amor, de fraternidade e de justiça.

Ide, pois, amados do coração, levando o archote que iluminará os vossos caminhos e ensejará claridade para os que vierem depois.

Imolai-vos, se necessário.

É vã a satisfação que passa e permanente a paz de consciência que se estabelece.

Incompreendidos, compreendei.

Malsinados, ajudai.

Desafiados pelos graves problemas deste momento na Terra, porfiai no Bem.

Jesus espera por nós!

Vamos, resolutos, vencendo as nossas dificuldades, mas avançando sempre.

Eia, esta é a vossa, é a nossa hora de decisão!

Entreguemo-nos ao Senhor, que desde há muitos milênios se nos entregou em regime de totalidade.

Ide em paz, filhas e filhos da alma, e que o Senhor da Vida nos abençoe e nos guarde no Seu amor.

São os votos do servidor humílimo e paternal de sempre,

BEZERRA

(Mensagem psicofônica transmitida por Divaldo Pereira Franco, por ocasião do encerramento da VIII Conferência Estadual Espírita, em Curitiba-PR, no dia 26 de março de 2006).

3.8
Momento de crise e reflexão

Meus filhos,

Este é o momento da grande transição.

Vive-se, na Terra, o período anunciado de referência às grandes mudanças que se devem operar para o surgimento da Era Nova.

Toda transição produz turbulência. Nessa turbulência, a crise emocional distende-se pelos diferentes setores da atividade humana.

Ei-la na política e na conduta religiosa, na ética moral e nas expressões artísticas, nos segmentos sociais e nos comportamentos humanos, assinalando o momento grave para a reflexão.

A crise, por si mesma, não tem por objetivo perturbar, mas purificar, porquanto, nas raízes linguísticas, ela significa depuração, acrisolamento.

Ocorre, no entanto, que no momento da crise, o indivíduo parece perder o rumo, quando se deveria revestir com equilíbrio e coragem para o enfrentamento inevitável.

Colocando-se o pensamento na direção do bem, ultrapassa-se o impositivo da crise e logo advém o resultado salutar da transformação para melhor.

O Outono faz com que as árvores retenham a seiva nas raízes, permitindo-se morrer, aparentemente, para rejuvenescer ao suave calor da Primavera.

Os metais submetem-se às temperaturas elevadas das fornalhas para tornarem-se utilidade; o barro desagradável converte-se, nas mãos do oleiro, em objeto de beleza.

Também o ser humano, trabalhado pelo divino Oleiro, é levado às fornalhas dos sofrimentos e das crises, a fim de recuperar a rigidez para tornar-se útil a si mesmo e ao grupo social.

Não estranhemos, pois, estes momentos de crise, de turbulência, de testemunho, graças ao Senhor da Vida e ao divino Amigo Jesus.

A Casa de Fabiano prossegue fincada na rocha embora os vendavais que tentam derrubá-la a qualquer preço, em face dos impositivos de mudanças, adaptação aos novos tempos, gerando formulações novas que a sustentarão por outro longo período, até quando soem os impositivos do progresso e exijam-se novas crises de mudanças.

Fabiano vela para que a *barca* que conduz leve-o em segurança ao porto da paz.

Trabalhai, pois, servidores da última hora, fortalecidos na fé pelo entusiasmo de servir sem cessar, confiando que o Senhor de todos nós, porque até hoje trabalha, apoia-nos, infatigavelmente, nos objetivos que abraçamos.

Nossos queridos amigos, que vos anteciparam na viagem de retorno ao grande Lar, aqui conosco, saúdam-vos, desejando-vos resistência e valores morais para os enfrentamentos libertadores.

Muita paz, meus filhos. São os votos do servidor humílimo e paternal de sempre,

BEZERRA

(Mensagem psicofônica recebida pelo médium Divaldo Pereira Franco, em reunião íntima, na manhã de 31 de julho de 2006, na Sede da CAPEMI, no Rio de Janeiro-RJ).

3.9
Coragem na luta

Deveremos viajar na direção da nossa consciência para encontrarmos Jesus.

O mundo chamar-nos-á a atenção mil vezes.

As falácias, os engodos, as fantasias, os instintos primários arrastar-nos-ão ao passado de delitos onde estamos e desejamos sair.

Se, por descuido da nossa vigilância, penetramos outra vez no labirinto das paixões, olvidando o planalto libertador da Terra, a Consciência Crística convida-nos à ascensão.

Nem sempre é fácil ascender nos rumos do infinito.

As algemas da retaguarda detêm-nos o passo.

Jesus, no entanto, como Libertador, rompe-nos a cadeia férrea da paixão dominante e, podemos experimentar a emoção de alegria, o júbilo da liberdade.

Filhos da alma, o Mestre continua esperando por nós nas praias da Eternidade.

Toda vez quando O buscamos, surge uma identificação plena com o seu amor e, revitalizados pela Sua energia, conseguimos avançar vários largos passos na direção do planalto de sublimação.

Não nos detenhamos! Chuvas de sarcasmos, solo juncado de cardos, pedrouços e obstáculos, mas a voz do Amor continua chamando-nos.

Não nos esqueçamos de que é necessário caminhar pela vereda estreita e difícil, que nós próprios abrimos no ontem, até estarmos perfeitamente integrados na consciência do Amor não amado.

Se colocarmos sobre os ombros o fardo da Sua afetividade, poderemos planar acima das vicissitudes.

Se aceitarmos o Seu, e não o jugo do mundo, observaremos que é tão suave a Sua misericórdia, que uma alegria inefável tomará conta de nós e, naturalmente, não olharemos mais para trás.

O Amigo convida-nos, por meio do Consolador, para rompermos, por definitivo, com a retaguarda dolorosa.

Avancemos, filhos da alma!

Olvidemos todo e qualquer mal, para recordarmos somente do bem.

Transformemos a queixa em gratidão a Deus pela ocorrência, façamos da dificuldade o desafio a vencer.

Ninguém atinge o topo da subida sem passar pelas baixadas difíceis e perturbadoras do caminho evolutivo.

Não estais a sós! Vossos Anjos tutelares velam por vós e, nos momentos em que os buscais, mediante a oração, nas pausas de reflexão, acercam-se-vos e transmitem-vos a coragem, o estímulo para a luta e um envolvimento terno e doce para superardes as aflições.

Recordai o Senhor: *No mundo somente tereis aflições, mas lembrai--vos de Mim. Eu venci o mundo.*

Muitos de vós tereis oportunidades de vencer no mundo dos negócios, nas contribuições políticas, sociais, científicas e artísticas, mas não vos olvideis de vencer o mundo das tentações, o mundo dos caprichos, o mundo das tenazes violentas do erro e da loucura.

Ide, o Senhor está convosco!

Não desanimeis nunca, avançando sem cessar!

Exorando ao Mestre a Sua bênção de paz para todos nós, sou o servidor humílimo e paternal de sempre,

BEZERRA

(Mensagem psicofônica recebida pelo médium Divaldo Pereira Franco, no encerramento da conferência, no Grupo Espírita André Luiz, no Rio de Janeiro-RJ, na noite de 4 de agosto de 2005).

3.10
Em reconhecimento e confiança

Senhor,

Somos aqueles trabalhadores da última hora, necessitados do Teu carinho e da Tua compaixão.

Estamos dispostos à lavoura do bem, nada obstante nos encontramos na dependência de muitos fatores que procedem do passado espiritual.

Tu prometeste que, no momento em que duas ou mais pessoas se reunissem em Teu nome, far-Te-ias presente entre elas. Eis-nos aqui, entrelaçando emoções, procurando o caminho seguro para chegarmos à fonte inexaurível da Tua misericórdia, Companheiro sublime que nunca nos deixas a sós.

Vivenciando a Tua mensagem conforme as nossas limitações, aguardamos que a Tua condução de Pastor leve-nos ao divino aprisco, embora a nossa retentiva na retaguarda.

Filhos da alma,

Tende bom ânimo, mantendo a certeza de que nunca estareis a sós.

Aqueles que atendem ao divino chamado vinculam-se ao Condutor celeste.

Obstáculos e provações fazem parte do processo evolutivo.

Os metais, para suportarem as intempéries, passam pela aspereza do fogo, assim como a argila que, para resistir, sofre a fornalha, e a madeira, para submeter-se, experimenta os cortes lancinantes nas suas fibras...

A gema, que reflete a estrela, sofreu a lapidação.

Também a alma, meus filhos, depois dos camartelos do sofrimento e das asperezas que lhe retiram as imperfeições, passa a refletir a estrela polar do amor.

Nunca vos desespereis!

Existem Benfeitores queridos que vos assessoram, que participam das vossas noites insones e das angústias dos vossos corações.

Aprendei a ouvi-los, sintonizando com esses Anjos tutelares por intermédio da oração, pelo pensamento voltado para o Bem.

O Senhor da Vida, que a todos nos conhece, levar-nos-á com segurança ao porto da paz, se permitirmos que Ele conduza a barca do nosso destino.

Confiai em Deus, meus filhos, entregando-vos ao comando do Seu Filho que é o nosso Mestre e Guia.

Temos estado em nossa Casa, aqui, com os companheiros devotados à ação inefável do Bem.

Prossegui!

Não vos atemorize a noite, nem vos produza receio a tormenta.

Tudo passa, e o Bem permanece.

Vimos hoje ter convosco para vos alentarmos na luta, a fim de que prossigais intimoratos no Bem.

Jesus confia em nós!

Retribuamos essa confiança mediante o serviço no Bem, rogando a Ele, nosso excelso Mentor, que nos abençoe e nos guarde.

Sou o servidor humílimo e paternal de sempre,

BEZERRA

(Mensagem psicofônica, recebida pelo médium Divaldo Pereira Franco, na Associação Espírita de Quarteira, Grupo "O Consolador", na noite de 20 de outubro de 2006, em Portugal).

3.11
Rumos da evolução

Meus filhos, que a paz do Senhor esteja conosco!

Não é a primeira vez que nos reunimos em torno da palavra lumínifera do Mestre, para definir os rumos na via da evolução.

No passado, a Legião Tebana, sob o comando de Maurício, reunindo-se para decidir, optou pelo holocausto, em detrimento da subserviência a César. Mais tarde, quando brilhou o *Sol de Assis*, reunimo-nos outra vez para expandir a pulcritude do Evangelho de Jesus às nações aturdidas. Com Allan Kardec, voltamos a reunir-nos na Pátria, antes do mergulho carnal, para promovermos a Era Nova.

Aqui estamos novamente, os mesmos Espíritos em luta, procurando os caminhos da libertação, com os atavismos defluentes dos compromissos nem sempre nobres do passado. Predominam em nossa natureza espiritual os impulsos que a matéria vai impondo, à medida que o Espírito defende a liberdade.

Iluminados pela mensagem do Espiritismo, redescobrimos Jesus e, fascinados pelo Seu amor, compreendemos a necessidade de, outra vez, implantá-lo no solo generoso dos corações humanos.

Sob a égide de Fabiano de Cristo e uma legião de Espíritos nobres, há cinquenta anos recomeçamos a jornada, procurando os meios hábeis para melhor servir de maneira definitiva.

Foram necessários esses longos anos de experiência para as definições que enfrentarão o momento da grande transição.

Prevista por Jesus, confirmada pelo Consolador, a Era Nova desenha-se na condição de madrugada de luz, após a noite densa das aflições.

Já amanhece, embora haja predomínio de sombras. Lentamente abatem-se as trevas para que predomine a claridade rutilante do Sol da Verdade.

A nossa Capemi, agora numa visão mais ampla, desdobrando-se em atividades múltiplas, inicia uma etapa de definições em relação ao futuro. Desafios, testemunhos, experiências antes não vividas, encontram-se em pauta. Entretanto, quem não se renova, estagna-se. A instituição que não avança nas rodas do progresso, torna-se instrumento de obstrução.

É verdade que, nestes dias muito difíceis, na predominância do imediatismo, do hedonismo, dos interesses subalternos, os ideais de engrandecimento da Humanidade enfrentam dificuldades aparentemente intransponíveis, mas, para superá-las, viestes, filhos amados, equipados de valores que vos propiciarão alcançar a meta delineada. Nos primeiros embates, os insucessos que ocorrem são naturais, porque ensinam a como não fazer o trabalho. O que aparentemente apresenta-se como um mal, logo cede lugar à feliz oportunidade do bem.

Em desdobramentos parciais pelo sono, vindes mantendo contato com os inspiradores da Obra, os fundadores, os dedicados colaboradores desencarnados, para que o pensamento unânime permaneça de maneira rígida, sustentando cada setor de atividade nova que, entretanto, é a mesma atividade anterior, em novas formulações.

Graças a esse expediente renovador, perspectivas amplas abrem-se em benefício dos nossos ideais: servir por meio do amor e da iluminação de consciências; ajudar, transformando o socorro em salário digno; promover, por meio da iluminação de consciências, porque a mensagem espírita dignifica o homem e a mulher novos a conquistar espaço na sociedade aturdida para demonstrar que é possível, sim, viger uma entidade cristã, na própria sociedade; elaborar novos valores para o relacionamento social entre as criaturas dos mais diferentes níveis de consciência e das mais variadas condições econômicas, políticas, religiosas, morais, sob a inspiração de Nosso Senhor Jesus Cristo.

Felizmente, vencestes as primeiras resistências. Não foi fácil, porque nada é fácil. Toda e qualquer tentativa de construção nobilitante

Terceira parte

enfrenta as reações do comodismo, as satisfações do já feito para poder aproveitar a comodidade e iniciar a experiência grandiosa.

Prossegui! O Senhor da Vida necessita de vós, de nós todos, porquanto somos a Sua voz, as Suas mãos, os Seus sentimentos transformados em ações.

Lutai com este espírito de disciplina e de coragem, não temendo nunca, porquanto a ocorrência de resultados negativos no começo representa o patamar para êxitos no futuro.

Confiamos no vosso empreendimento, porquanto para ajudar-nos a concretizá-lo, outros Espíritos nobres vos encontrarão em diversos segmentos da comunidade. Porém, entre vós, mantende o espírito de confiança, de lealdade, de união, para que não se turbem os vossos sentimentos, nem fraquejem as vossas emoções.

Jesus continua na liderança. Entreguemo-nos à Sua condução e Ele nos levará ao aprisco da paz.

Por enquanto, o nosso clima é de trabalho, de ação contínua, de enfrentamento, para que o futuro possa avançar nas estradas que foram abertas pelo vosso testemunho.

Aqui estão conosco, saudando-vos e confraternizando nas celebrações do nosso cinquentenário, os queridos amigos da primeira hora, sob as bênçãos de Fabiano de Cristo e a tutela de Nosso Senhor Jesus Cristo.

Muita paz, meus filhos.

Que o Senhor nos abençoe e nos guarde, hoje e sempre, são os votos do servidor humílimo e paternal de sempre,

BEZERRA

(Página recebida psicofonicamente pelo médium Divaldo Pereira Franco, em reunião íntima na CAPEMI, na manhã de 31 de julho de 2007, no Rio de Janeiro-RJ).

3.12
Instalação da nova era nos corações

Nós, que nos comprometemos em tornar melhores os nossos próprios dias, deveremos avançar semeando bênçãos e distribuindo consolações.

A Humanidade necessita mais de exemplos dignificantes do que de palavras retumbantes.

A Nova Era está sendo instaurada nos corações não ao toque de trombetas e clarins, mas ao suave canto da fraternidade e da compaixão.

Que saibamos manter a nossa compaixão em relação àqueles que não nos entendem, e até nos perseguem, e mesmo nos caluniam, compreendendo que são nossos irmãos de jornada que estão na retaguarda necessitando da mão amiga e solidária para sair da concha do ego em que se enclausuram.

Filhos da alma!

Sabemos das dores que muitos de vós experimentais.

Ouvimos as vossas rogativas nos momentos da solidão e do abandono.

Acercamo-nos dos vossos sentimentos para acariciar-vos a alma e balbuciar-vos na acústica do coração: *Tende bom ânimo!*

Nunca deserteis da luta de autoiluminação.

Não vos permitais o desânimo nem o desespero.

Cultivai a paciência.

A noite tenebrosa deste momento inunda-se de luz na madrugada que vai chegando.

Confiai em Deus e a Ele entregai os problemas e desafios que não podeis solucionar.

Deus é Amor! Por isso que vos enviou os Missionários da Luz através dos milênios para que conhecêsseis os caminhos e nos mandou Jesus para ser o próprio Caminho.

Tende a certeza de que nesta celeridade das horas, na relatividade do tempo que as demarca, avançais no rumo da Vida.

Quando soe o momento do retorno ao grande Lar, sereis recebidos pelos amores que vos anteciparam, despertareis conforme os padrões de vossas consciências, porém, com alegria, estuantes de vida, e repetireis como o Apóstolo das Gentes: *Oh! Morte, onde está a tua vitória, onde está o teu galardão?*

Exultai, pois, filhos da alma, cantando vosso hino de imortalidade em homenagem à Era Nova que já começou, na qual todos nos encontramos colocados até o momento glorioso da instalação do Reino dos Céus no coração da Terra.

Muita paz, meus filhos.

Que o Senhor de bênçãos nos abençoe.

São os votos do servidor humílimo e paternal de sempre,

BEZERRA

(Mensagem psicofônica recebida pelo médium Divaldo Pereira, ao término da sua conferência pronunciada no Grupo Espírita André Luiz, na noite de 26 de julho de 2007, no Rio de Janeiro-RJ).

3.13
Vozes da imortalidade

Meus Filhos, que Jesus nos abençoe.

O Mestre incomparável asseverou-nos com propriedade que, no momento em que os discípulos se calassem em face dos interesses materiais, as pedras falariam. Observada essa lição, de imediato pensa-se tratar-se de um absurdo, porquanto as pedras jamais poderão falar. Nada obstante, considerando-se a paráfrase, o Mestre quis elucidar que o silêncio dos túmulos em pedra seria rompido, e as vozes da imortalidade proclamariam o Reino dos Céus.

Eis-nos constatando a legitimidade do ensino superior. Quando a riqueza material substituiu a pulcritude do Evangelho, a simpleza dos seus Apóstolos e missionários, dando lugar aos interesses mesquinhos e imediatistas da ilusão, o silêncio tumular foi arrebentado e das pedras saiu a voz da imortalidade para proclamar a necessidade do retorno às origens, à mensagem pura, ao amor sem jaça. E hoje, na Terra, de uma ou de outra forma, essas vozes, que jamais estiveram silenciadas, conclamam as criaturas humanas a uma releitura do pensamento do Mestre e a uma vivência mais consentânea com a vida com que Ele nos honrou quando esteve entre nós.

Se recuarmos na História, encontraremos o *shaman* primitivo ante as labaredas da fogueira na cova, exaltando a glória da vida. À medida que avança o ser em discernimento, as comunicações grandiosas surgem na intimidade dos templos esotéricos. Depois, a boca profética se abre e vertem dos céus os ensinamentos grandiosos para a Terra. Logo após o advento de Jesus, as monumentais reuniões das igrejas primitivas domésticas são caracterizadas pelo intercâmbio das vozes de ultratumba, auxiliando os companheiros terrestres perdidos na névoa carnal.

Na Idade Média, as forças negativas tentaram silenciar a voz imortalista levando ao presídio, ao cárcere, ao exílio e às fogueiras os médiuns cujas vozes continuaram acima das labaredas.

A infâmia não apagou a mensagem de Joanna d'Arc A santificação não alterou a notável comunicação de Tereza d'Ávila com o Mestre incorruptível. E nos tempos pós-Renascimento, com o advento da ciência empírica e o renascer da Filosofia, os fenômenos mediúnicos engradeceram a História, culminando na legião que tomou conta da segunda metade do século XIX, alcançando a grandeza da Revelação Terceira.

E hoje, filhos da alma, a densa cortina que aparentemente separa o mundo físico, propínquo, do Mundo Espiritual, longínquo, dilui-se, e o trânsito dá-se com facilidade entre os desencarnados, comunicando-se com os companheiros físicos, e esses, em fenômeno de desdobramento grandioso, participando da vida causal com naturalidade.

A glória do Evangelho restaurado lentamente toma conta do mundo.

Cantai a imortalidade em triunfo! Exaltai o divino Verbo entronizado no amor! Liberai as comportas do sentimento para que se refertem de luz e vos torneis chamas vivas, crepitando e aquecendo vidas. Não temais aqueles que ameaçam o corpo, porque esse é somente o meio, não é o fim. Prossegui intimoratos e intemeratos na preparação da Era Nova que já começou.

Que viestes ver nesta manhã, senão a alvorada dos novos tempos? Que viestes ouvir, à luz meridiana deste dia, senão a clarinada sublime da Era de Amor?

Sois vós os artistas que se transformam em instrumentos soprados pelo Mundo Espiritual. Sois vós o combustível que sustenta a chama clarificadora dos novos dias.

Certamente experimentareis dificuldades, padecereis na cruz invisível dos testemunhos, pela honra de haverdes sido chamados, a fim de que venhais a ser promovidos como eleitos.

Não vos preocupeis em demasia com escassez, com limite, com incompreensões. A vossa é a mesma estrada em que trilharam Jesus e seu símile, o doce cantor de Assis. O primeiro teve a *via crucis*, e o segundo as ardentes estradas da Úmbria, por onde ele passeou cantando o hino de inigualável beleza. Cantai também pelas veredas repletas de acúleos, pelos caminhos estreitos que ireis alargar com vosso canto e com o encanto de Jesus.

Não mais amanhã: agora é o santo momento de construir e ajudar.

Não nos encontramos reunidos pelo impulso estúpido do acaso. O programa, adrede elaborado, recebeu o nosso aval, de todos nós, para que nos dando as mãos e nos apoiando uns aos outros, avançássemos. Todos temos um papel significativo na tarefa que estamos desempenhando. A mediunidade será entre nós o sinal de Jesus, como na mitologia bíblica o arco-íris era o sinal da aliança de Deus com os homens.

O nosso arco-íris é a mediunidade, meus filhos, por cuja boca falarão as vozes, por cujas mãos escreverão os mensageiros do Senhor, por cujos pés jornadearão os obreiros da Era Nova, na multifacetada faculdade de intercâmbio espiritual.

Nunca, jamais estareis a sós. Quando vos parecer demasiadamente sombria a dor, brilhará uma estrela. Quando as dores se vos apresentarem acerbas, o vento brando do amor de Deus diminuirá a ardência das aflições.

E quando a solidão vos parecer insuportável, uma doce voz dir-vos-á: "Tende bom ânimo, estou convosco até o fim dos tempos".

Filhinhos, amai! Amai-vos, entrelaçando os corações e demonstrando ao mundo atônito que Jesus já está de volta e nos honrou com a tarefa de apresentá-Lo a todos.

Que Ele nos abençoe, meus filhos, nos fortaleça e nos apazigue.

São os votos do servidor humílimo e paternal, em nome dos vossos guias, dos Espíritos-espíritas que administram as Casas onde laborais, o vosso companheiro de luta de todas as horas,

BEZERRA

(Mensagem psicofônica recebida pelo médium Divaldo Pereira Franco, na manhã de 3 de agosto de 2008, no Centro Espírita Blossons, em Los Angeles-CA, EUA, depois do encontro mediúnico dos grupos espíritas do Estado).

3.14
Vida em abundância

Filhos e filhas do coração!

As nobres conquistas da Ciência ergueram a criatura humana ao elevado patamar da inteligência.

A tecnologia de ponta alargou-lhe os horizontes no macro e no microcosmo.

É necessário, no entanto, que o ser humano, deslumbrado pelas conquistas de fora, não se esqueça das conquistas sublimes do seu mundo interior.

A sociedade voluptuosa avança esmagando as outras culturas por meio das denominações nacionais.

Armado para a beligerância, o mundo confirma fronteiras e, a cada momento, estouram rebeliões.

Nós que conhecemos Jesus, no entanto, deveremos respeitar as fronteiras geográficas, sim, mas considerar as fronteiras espirituais e nos integrarmos ao trabalho do amanho da terra do sentimento, por meio da abnegação e do amor.

Não mais interrogações injustificáveis a respeito da volúpia e do prazer transitórios.

Chega o momento do amadurecimento interno, enriquecedor, para que realmente a felicidade permaneça em nosso mundo íntimo ajudando-nos a entesourar os dons que prosseguem eternamente.

Vossos guias espirituais ouvem os vossos apelos. Recebem as vossas súplicas e vêm, pressurosos, atender-vos. Nada obstante, muitas vezes, enclausurados na revolta, no ressentimento, não lhes permitis a comunicação ideal para as soluções de que tendes necessidade.

Dulcificai-vos, abrandai esses impulsos estimulados pelas propostas da mídia desvairada, compadecendo-vos das vítimas, sem vos esquecerdes dos algozes.

Quando alguém delinque cometendo um crime, às vezes, hediondo, e a fúria se vos instala, desejando linchamento, morte, justiça, considerai que o perverso é profundamente infeliz, que o sicário de vidas é um doente interno, no qual predomina a herança primitiva da barbárie.

Como podiam os carrascos nazistas matar no campo de concentração e chegar a casa sorridentes, afetuosos, bons esposos e bons pais?

Essa fragmentação da psique fazia com que uma área do cérebro desse-lhes a visão de estarem agindo corretamente, tanto nas câmaras de extermínio, nas experiências científicas perversas, como no doce aconchego da família.

Foi para fortalecer o anjo que existe em nós que Jesus veio.

Não permitamos que esse anjo se debilite ante os impactos das circunstâncias perturbadoras do momento.

A Sua proposta é de que tenhamos vida e vida em abundância.

Vida em abundância é amor!

Nunca será demasiado repetirmos a necessidade do amor na construção do ser novo que se dirige para Deus.

Médiuns, que todos somos — do Bem ou das aflições, da Verdade ou da ignomínia — busquemos a sintonia perfeita com Jesus e nos entreguemos às Suas Mãos, porque, na condição de Pastor de Misericórdia, guiar-nos-á no Seu rebanho ao aprisco da paz.

Que Deus vos abençoe, meus filhos.

É o que vos deseja o servidor humílimo e paternal de sempre,

BEZERRA

(Mensagem psicofônica recebida pelo médium Divaldo Pereira Franco, ao término da conferência pública realizada no Grupo Espírita André Luiz, no Rio de Janeiro-RJ, na noite de 14 de agosto de 2008).

3.15
Construtores do amanhã

Filhos da alma, que Jesus nos abençoe!

O Espiritismo é uma nascente de bênçãos que flui incessantemente, oferecendo a água cristalina da Verdade para todos os sedentos da Humanidade.

Podemos considerá-lo, também, como o Sol da Nova Era aquecendo os corações enregelados e libertando as mentes angustiadas.

É verdade que a dor parece zombar das gloriosas conquistas contemporâneas. Do seu crivo ninguém na indumentária carnal consegue escapar.

Aqui é a violência, sob todos os aspectos considerada, ceifando a floração de vida que não chegou à maturidade...

Ali é o sofrimento mal contido no íntimo dos corações, arrancando da face a máscara da falsa alegria.

Mais distante, são os desejos irrealizados, convertidos em conflitos tormentosos, gerando desinteligência e padecimentos profundos.

Em todo lugar, a presença do sofrimento abençoado!

Oh! dor bendita, que vergas as servis dos poderosos e demonstras a fatuidade das conquistas terrenas!

Bendigamos a oportunidade de experimentar, nas carnes da alma, a presença do sofrimento, transformando-se pela resignação e coragem do enfrentamento, em condecorações luminosas, que nos destacarão na grande jornada em direção à luz imarcescível.

Vivemos o momento da grande transição, que deixa a impressão de que os ouvidos divinos, nos penetrais do Infinito, não escutam o clamor da Terra...

Nunca, entretanto, como hoje, a Misericórdia do Pai Amantíssimo tem respondido às multidões desarvoradas as súplicas que Lhe são dirigidas.

Jamais, como agora, o amor de Jesus enviou à Terra Embaixadores tão numerosos para que possam apresentar-Lhe a mensagem dúlcida do amor, que ficou esquecida na memória dos tempos...

Heróis anônimos da caridade, missionários da renúncia, cientistas e pensadores, artistas e estetas mergulham, sem cessar, nas sombras terrestres para evocar e viver a proposta do Amor como dantes nunca havia ocorrido.

É verdade, filhas e filhos da alma, que as aflições permanecem, também por meio do sítio estabelecido por mentes desencarnadas, que buscam cercear-vos o passo, vitimadas pela revolta, tentando obstaculizar a marcha do progresso moral.

Afirmais, muitas vezes, que sentis os aguilhões, as flechas disparadas pelos arqueiros das Trevas, dilacerando-vos a intimidade dos sentimentos.

Reportai-vos continuamente a esse cerco feroz que parece triunfando em alguns arraiais da sociedade.

Não vos esqueçais, porém, do amor do Pai celestial, generoso, e da Misericórdia de Jesus que vos não esquecem e, a cada momento, o silêncio da sepultura arrebenta-se, trazendo-vos de volta os Mensageiros da Verdade, os novos construtores do amanhã para sustentar-vos na luta.

É natural, meus filhos e minhas filhas, que tal ocorra.

Não se pode edificar, num planeta de provas e expiações, transitando para o grau de regeneração, senão com a presença do sofrimento, que foi cristalizado pela nossa intemperança, resultante do nosso processo evolutivo no passado, quando ainda nas vascas da ignorância do ontem.

Mas, o Deotropismo arrasta-nos, e a Voz do Cristo, convocando as Suas ovelhas ao rebanho, fascina-nos.

Não temamos nossos irmãos enlouquecidos. São filhos de Deus, credores da nossa compaixão e da nossa misericórdia. Hostilizando-nos, necessitam de nós e, por nossa vez, deles necessitamos. Estendamos-lhes os braços afetuosos, ofertemos-lhes a oração de fraternidade e juntos busquemos Jesus.

Terceira parte

Alcançais, a pouco e pouco, novos patamares da evolução, embora o Movimento Espírita apresente as dificuldades compreensíveis defluentes da vulgarização da mensagem, diminuindo em qualidade o que ganha em quantidade.

As diretrizes aqui exaradas, as decisões aqui estabelecidas nestes dias e a vossa dedicação constituem o selo de garantia no trabalho, enquanto estiverdes submetidos à inspiração do Mestre galileu.

Permanecei devotados, esquecei as diferenças e recordai-vos da identidade dos conceitos, deixando à margem os espículos, os desvios de opinião, para unidos, pensarmos juntos, na construção do amor, por definitivo, em nosso amado planeta.

Vossos guias espirituais assistem-vos e Ismael, em nome de Jesus, guia-vos.

Sigamos, pois, Espíritos-espíritas e espíritas-espíritos, dos dois planos da vida, de mãos dadas, entoando o nosso hino de alegria por gratidão a Jesus pela honra de havermos sido chamados, à ultima hora, para trabalhar na Sua Vinha...

Alegrai-vos, filhas e filhos da alma, bendizendo a honra de servir!

Que o Senhor de bênçãos vos abençoe hoje e sempre!

São os votos carinhosos do amigo paternal e humílimo de sempre,

BEZERRA

(Mensagem recebida psicofonicamente pelo médium Divaldo Franco, no encerramento da reunião ordinária do Conselho Federativo Nacional da Federação Espírita Brasileira, em 9 de novembro de 2008).

3.16
Trajetória desafiadora

Filhos da Alma,

Que Jesus nos abençoe.

Repetimos a trajetória do Cristianismo primitivo. O solo que espera ensementação ainda necessita de adubo e de arroteamento.

Não estranhemos as dificuldades e os desafios.

Jesus, que representa a estrela de primeira grandeza da Terra, não transitou por estradas asfaltadas, nem sorveu o precioso licor da amizade e do respeito. Sofreu perseguições sem nome, vivendo testemunhos indescritíveis.

Por isso, Ele nos disse: *No mundo somente tereis aflições.*

Que sejamos afligidos, mas que não nos tornemos afligentes, impondo-nos a carga dos testemunhos, que conduzamos com elevação ao calvário libertador.

Vendo-vos, filhos da alma, reencetando a jornada que ficou interrompida no passado, em face do desequilíbrio e das lamentáveis posturas humanas, alegramo-nos, porque palmilhais a estrada da redenção com entusiasmo, com amor.

Vivei o Evangelho conforme a interpretação da Doutrina Espírita e exultai.

Vossas dores são nossas dores, vossas ansiedades e sofrimentos íntimos são nossos, meus filhos.

Jesus compartilha, antecipando as inefáveis alegrias do amanhã ditoso, após vencido o portal do túmulo.

Avançai, seareiros da luz!

Nada vos impeça a glorificação do ideal que vibra e que se expande por intermédio de vós.

Jesus nos espera, avancemos.

*

Amigo Jesus,

Tu que és o companheiro daqueles que não têm companheiros, que és o médico dos excluídos da sociedade terrena, enfermos da alma e do corpo, que és o guia do planeta terrestre, que foi atirado no éter cósmico sob Teu comando, recebe a nossa gratidão por estes dias de júbilos e de reflexões.

Aceita a pobreza em que nos encontramos, aguardando a fortuna que ofereces aos que Te servem.

Agradecidos, Senhor, rogamos que nos abençoes e aos irmãos e amigos de retorno às suas tarefas, para que sejam fiéis até o momento da libertação.

Muita paz, meus amigos.

Com o carinho dos Espíritos-espíritas aqui presentes, o amigo paternal e humílimo de sempre.

Bezerra

(Mensagem psicofônica recebida por Divaldo Pereira Franco, no encerramento do Curso promovido pelo Conselho Espírita Internacional, no Castelo de Wégimont (Bélgica), no dia 7 de junho de 2009, em seguida à 13ª Reunião Ordinária do Conselho Espírita Internacional).

3.17
Cristãos decididos

Estamos sendo convocados pelos Espíritos nobres para ser os lábios pelos quais a palavra de Jesus chegará aos corações empedernidos.

Estamos sendo convocados para ser os braços do Mestre, que afaguem, que se alonguem na direção dos mais aflitos, dos combalidos, dos enfraquecidos na luta.

Estamos colocados na postura do *bom samaritano,* a fim de podermos ser aquele que socorre o caído na *estrada de Jericó* da atualidade.

Nunca houve na história da sociedade terrena tantas conquistas de natureza intelectual e tecnológica!

Nunca houve tanta demonstração de humanismo, de solidariedade, tanta luta pelos direitos humanos!

É necessário, agora, que os cristãos decididos arregacem as mangas e ajam em nome de Jesus.

Em qualquer circunstância, que se interroguem: "Em meu lugar que faria Jesus?".

E, faça-o, conforme o amoroso Companheiro dos que não têm companheiros faria.

Filhos da alma!

Estamos saturados de tecnologia de ponta, graças, à qual, as imagens viajam no mundo quase com a velocidade do pensamento, e a dor galopa desesperada o dorso da Humanidade em desalinho.

O Espiritismo veio como *Consolador* para erradicar as causas das lágrimas.

Sois os herdeiros do Evangelho dos primeiros dias, vivenciando-o à última hora.

Estais convidados a impregnar o mundo com ternura, utilizando-vos da compaixão.

Periodicamente, neste *planeta de provas e expiações*, as mentes em desalinho vitalizam micro-organismos viróticos que dão lugar a pandemias destruidoras.

Recordemo-nos das pestes que assolaram o mundo: a peste negra, a peste bubônica, as gripes espanhola, asiática e a deste momento de preocupações, porque as mentes dominadas pelo ódio, pelo ressentimento, geram fatores propiciatórios à manifestação de pandemias desta e de outra natureza.

Só o amor, meus filhos, possui o antídoto para anular esses terríveis e devastadores acontecimentos, desses flagelos que fazem parte da necessidade da evolução.

Sede vós aquele que ama.

Sede vós, cada um de vós, aquele que instaura o *Reino de Deus* no coração e dilata-o em direção à família, ao lugar de trabalho, a toda a sociedade.

Não postergueis o dever de servir para amanhã, para mais tarde.

Fazei o bem hoje, agora, onde quer que se faça necessário.

As mães afrodescendentes, as mães de todas as raças, em um coro uníssono, sob o apoio da Mãe Santíssima, oram pela transformação da Terra em *Mundo de Regeneração*.

Sede-lhes filhos dóceis à sua voz quão dócil foi o *Crucificado galileu* que, ao despedir-se da Terra, elegeu-a mãe do evangelista do amor, por extensão, a Mãe sublime da Humanidade.

Muita paz, meus filhos.

Que o Senhor de bênçãos nos abençoe.

O servidor humílimo e paternal de sempre,

BEZERRA

(Mensagem psicofônica recebida pelo médium Divaldo Pereira Franco, ao final da conferência pública em torno da maternidade, realizada no Grupo Espírita André Luiz, no Rio de Janeiro-RJ, na noite de 13 de agosto de 2009).

3.18
Novas responsabilidades

Filhos da alma, que Jesus nos abençoe.

O século XXI continua guindado à mais alta tecnologia, desbravando os infindáveis horizontes da ciência.

Antigos mistérios do conhecimento são desvelados. Enigmas, que permaneciam incompreensíveis, são decifrados, e o materialismo sorri zombeteiro das mensagens sublimes do amor.

Paradoxalmente, os avanços respeitáveis dessas áreas do intelecto não lograram modificar as ocorrências traumáticas que têm lugar no orbe, na atualidade. No auge das conquistas das inteligências, permanecem as convulsões sociais unidas às convulsões planetárias, no momento da grande transição que passa a Terra amada por todos nós.

De um momento para outro, uma erupção vulcânica arrebata as camadas que ocultam o magma, e as cinzas — atiradas acima de 10 mil metros da superfície terrestre — modificam toda a paisagem europeia, ameaçando as comunicações, a movimentação, enquanto se pensa em outras e contínuas erupções que podem vir assinaladas por gases venenosos ou por lava incandescente. Fenômenos de tal monta podem ser detectados, mas não impedidos, demonstrando que a vacuidade da inteligência não pode ultrapassar a sabedoria das leis cósmicas estabelecidas por Deus.

E Gaia — a grande mãe planetária —, estorcega, enquanto na sua superfície a violência irrompe em catadupas, ameaçando a estabilidade da civilização: política, econômica, social e, sobretudo, moral, caracterizando estes como os dias das antigas Sodoma e Gomorra das anotações bíblicas...

Poder-se-ia acreditar que o caos seria a conclusão final inevitável, entretanto, a barca terrestre que singra os horizontes imensos do cosmo não se encontra à matroca.

Jesus está no leme e os seus arquitetos divinos comandam os movimentos que lhe produzem alteração da massa geológica, enquanto se operam as transformações morais.

Iniciada a era nova, surge, neste mesmo século XXI, o período prenunciador da paz, da fé religiosa, da arte e da beleza, do bem e do dever.

Assinalando esse período de transformação, estamos convidados, encarnados e desencarnados, a contribuir em favor do progresso que nos chega de forma complexa, porém bem direcionada.

Avancemos com as hostes do *Consolador* na direção do porto do *mundo de regeneração.*

Sejam os nossos atos assinalados pelos prepostos de Jesus, de tal forma que se definam as diretrizes comportamentais.

E que todos possam identificar-nos pela maneira como enfrentaremos dissabores e angústias, testemunhos e holocaustos, à semelhança dos cristãos primitivos que viveram, guardadas as proporções, período equivalente, instaurando na Terra o Evangelho libertador, desfigurado nos últimos dezessete séculos, enquanto, com Allan Kardec, surgiu *o Consolador* trazendo-nos Jesus de volta.

É compreensível, portanto, que os Espíritos comprometidos com o passado delituoso tentem implantar a desordem, estabelecer o desequilíbrio das emoções para que pontifique o mal, na versão mitológica da perturbação demoníaca. Em nome da luz inapagável daqueles momentosos dias da Galileia, particularmente durante a sinfonia incomparável das bem-aventuranças, demonstremos que a nossa força é a do amor e as nossas reflexões no mundo íntimo trabalham pela nossa iluminação.

Nos dias atuais, como no passado, amar é ver Deus em nosso próximo; meditar é encontrar Deus em nosso mundo íntimo, a fim de espargir-se a caridade na direção de todas as criaturas humanas.

Terceira parte

Trabalhar, portanto, o mundo íntimo, não temer quaisquer ameaças de natureza calamitosa por meio das grandes destruições que fazem parte do progresso e da renovação, ou aquelas de dimensão não menos significativa na intimidade doméstica, nos conflitos do sentimento, demonstrando que a luz do Cristo brilha em nós e conduz-nos com segurança.

A Eurásia, cansada de tantas guerras, de destruição, da cegueira materialista, dos contínuos holocaustos de raças e de etnias, de governos arbitrários e perversos, clama por Jesus, como o mundo todo necessita de Jesus. Seus emissários, de Krishrna a Bahá'u'lláh, de Moisés a Allan Kardec, de Buda aos peregrinos da não violência, de Maomé aos pacificadores muçulmanos, todos esses, ministros de Jesus, preparam-lhe, através dos milênios, o caminho para que, por meio do *Consolador* — mesmo sem mudanças de diretrizes filosóficas ou religiosas —, predomine o amor.

Seja celebrada e vivida a crença em Deus, na imortalidade, nas vidas ou existências sucessivas, fazendo com que as criaturas deem-se as mãos, construindo o mundo de regeneração e de paz pelo qual todos anelamos.

Jesus, meus filhos, ontem, hoje e amanhã, é a nossa bússola, é o nosso porto, é a nave que nos conduz com segurança à plenitude.

Porfiai no bem a qualquer preço. Uma existência corporal, por mais larga, é sempre muito breve no relógio da imortalidade. Semeai, portanto, hoje, o amor, redimindo-vos dos equívocos de ontem com segurança, agora, na certeza de que estes são os sublimes dias da grande mudança para melhor.

Ainda verteremos muito pranto, ouviremos muitas profecias alarmantes, mas a Terra sairá desse processo de transformação mais feliz, mais depurada, com seus filhos ditosos rumando para um mundo superior na escalada evolutiva.

Saudamos a todos os companheiros dos diversos países aqui reunidos, e em nome dos Espíritos que fazem parte da equipe do *Consolador*, exoramos ao Mestre inolvidável que prossiga abençoando-nos com sua paz, na certeza de que com Ele — o amor não amado —, venceremos todos os obstáculos.

Muita paz, filhos da alma e que Jesus permaneça conosco.

São os votos do servidor paternal e humílimo de sempre,

Bezerra

(Mensagem psicofônica recebida pelo médium Divaldo Pereira Franco, na manhã de 9 de maio de 2010, no Encontro do Conselho Espírita Internacional, reunido em Varsóvia, Polônia).

3.19
Momento de cidadania espírita

Irmãos espíritas:
Raia novo dia, e com ele as bênçãos dos céus iluminando a Terra e enriquecendo os *filhos* transviados *do Calvário*.

Jesus estende Suas mãos misericordiosas, que nos afagam, saindo dos templos de pedra para caminhar pelas ruas do mundo, enxugando o suor dos excluídos, as lágrimas dos desesperados e dando-nos o rumo para o encontro com Ele.

Neste momento em que a Doutrina Espírita recebe cidadania de graves preocupações, deve pairar em nossos sentimentos e em nosso discernimento o que iremos fazer do Espiritismo.

O Cristianismo primitivo experimentou o começo da sua degradação quando se tornou doutrina do Estado e quando começou a dominar as paisagens terrestres.

Santo Eusébio, cristão primitivo, asseverava que o Cristianismo, quando perseguido, proporcionou mártires e heróis, mas, à medida que foi aceito pelos antigos perseguidores, logo o odor de santidade cedeu lugar ao orgulho, à intemperança...

Até há pouco, éramos os espíritas vistos com descaso, com zombaria e sarcasmo. As nossas palavras eram consideradas como alucinações, os feitos da imortalidade, como processos psicopatológicos. Mas, agora, alguns ramos da Ciência vieram confirmar a grandeza da imortalidade da alma, e as multidões sedentas de paz, ansiando pelo conforto moral, virão bater às nossas portas. Preparemo-nos, instrumentalizemo-nos para receber os filhos do calvário.

Não nos deixemos dominar pela presunção ou permitir que a caridade se nos esfrie no coração.

Abramo-nos ao amor e sirvamos mais e mais.

Demonstremos que a Doutrina Espírita é a síntese da verdade que desce dos céus para a sua humanização na Terra.

Que as nossas lágrimas se transformem em pérolas de gratidão, que as nossas dores sejam sublimadas como nosso sacrifício no holocausto do amor.

Evitemos as dissensões, as querelas inúteis, o campeonato da insensatez, os lugares de destaque na comunidade, servindo e amando sem cessar.

Jesus espera. Sigamos! Não relacionemos impedimentos. Abandonemos a lista das dificuldades. Deixemos para trás queixas e lamentações e, dentro das perspectivas do *vir a ser*, cantemos o nosso hino de *glória a Deus nas alturas e paz na Terra aos homens de boa vontade*.

Jesus espera por nós.

Vamos a Ele, meus filhos!

São os votos dos Espíritos-espíritas que participam deste magno evento e do velho amigo paternal e humílimo servidor,

BEZERRA

(Mensagem psicofônica recebida pelo médium Divaldo Pereira Franco, ao término da conferência por ele proferida durante o encerramento da 57ª Semana Espírita de Vitória da Conquista-BA, no dia 12 de setembro de 2010).

3.20
Rumos para o futuro

Filhos da alma:
Abençoe-nos, Jesus, o Mestre de todos nós!
A jornada prossegue na direção da meta, que é o encontro da paz.

Sombras e acúleos tentando dificultar a marcha, enquanto os jornaleiros prosseguem com o espírito estoico, abnegados e confiantes.

Há sessenta anos, tudo era expectativa e, hoje, encontramo-nos diante da realidade.

Os trabalhadores da Caravana da Fraternidade, repetindo a façanha dos bandeirantes, que se adentraram pelo país na busca por diamantes, realizaram o seu périplo, distribuindo o diamante da verdade por onde passaram.

Continuando a atividade no Mais-Além, transformaram os companheiros encarnados em novos peregrinos da ensementação do Evangelho no solo ainda não preparado dos corações. Resultaram as bênçãos que hoje fruímos: as alegrias de podermos contemplar a Doutrina Espírita no lugar a que tem direito, lentamente, no concerto das nações.

Nada obstante, permanecem os desafios!

São estes os momentos graves definidores de rumos para o futuro. Não é mais possível retroceder! O que está planejado pelo Senhor e em plena execução seguirá o seu processo de materialização na Terra.

No entanto, é necessário prudência. Que o entusiasmo não se faça exagerado diante das conquistas logradas. O êxito de qualquer empreendimento somente pode ser considerado depois de concluído. E, enquanto estamos na sua execução, rondam-nos perigos, ameaças e armadilhas. Viveis o momento significativo que precede a madrugada da Era Nova.

Antes de renascerdes no corpo físico, firmastes um documento perante os Guias Espirituais do Brasil, em particular, e da Humanidade, em geral, de serdes fiéis à Doutrina, conforme apresentada por Allan Kardec, não permitindo que vos venhais conspurcar com as tentações do mundo ou deixar-vos penetrar pelas trevas das ambições personalistas e dos idealismos fora do contexto do Evangelho.

Traçastes, nestes dias, planos vigorosos nas diferentes áreas de relevante importância da atualidade. Executai a programação com espírito de serviço e de abnegação, certos de que os vossos benfeitores no Mundo Espiritual continuarão convosco, sustentando-vos e resguardando-vos das hábeis ciladas dos infelizes das Trevas...

Há muito por fazer...

Dilatam-se os horizontes e, na medida em que se desenvolvem as áreas de ação, multiplicam-se também os flancos que podem ser penetrados, caso não haja a vigilância indispensável.

Filhos da alma!

Se amanhece a madrugada de luz, também ainda existem sombras densas que tomam conta de outros segmentos da sociedade, gerando impedimentos para a propagação da vida, dos bens da vida, pelos interesses mesquinhos que defluem do materialismo e das expressões covardes da mentira e das paixões humanas.

Porfiai, mesmo quando aparentemente os nossos ideais não logrem êxito, aguardando o momento próprio para que se materializem.

Jesus programou Sua viagem à Terra quase dois mil anos antes e, quase dois mil anos depois, enviou o *Consolador* para assegurar o êxito da Sua Mensagem no planeta que comanda.

Na condição de servos que somos de ambos os lados da vida, neste trabalho de libertação de consciências, a nós nos cabe atender os impositivos que dizem respeito à obra de amor, que um dia triunfará em nosso planeta abençoado pela regeneração.

Exultemos todos, precatando-nos do mal que ainda se encontra em nosso próprio ser e confiantes de que o trabalho do Senhor, momentaneamente colocado em nossas mãos, será realizado com abnegação e carinho. Avancemos, meus filhos, cheios de alegrias, na expectativa da vitória, da plenitude.

Vossos irmãos e amigos, os Espíritos-espíritas, aqui estamos convosco e avançaremos convosco desde o glorioso momento de vossa libertação do corpo até nossa glória estelar.

Muita Paz!

São os votos que formula o servidor humílimo e paternal de sempre,

BEZERRA

(Mensagem psicofônica recebida pelo médium Divaldo Pereira Franco, no encerramento da Reunião do Conselho Federativo Nacional, realizada em Brasília-DF, em 7 de novembro de 2010).

3.21
Tarefa do médium no mundo em transição

Meus filhos:

Que Jesus nos abençoe!

A sociedade terrena vive, na atualidade, um grave momento mediúnico, no qual, de forma inconsciente, dá-se o intercâmbio entre as duas esferas da vida. Entidades assinaladas pelo ódio, pelo ressentimento, e tomadas de amargura cobram daqueles algozes de ontem o pesado ônus da aflição que lhes tenham proporcionado. Espíritos nobres, voltados ao ideal de elevação humana, sincronizam com as potências espirituais na edificação de um mundo melhor. As obsessões campeiam de forma pandêmica, confundindo-se com os transtornos psicopatológicos que trazem os processos afligentes e degenerativos.

Sucede que a Terra vivencia, neste período, a grande transição de *mundo de provas e de expiações para mundo de regeneração.*

Nunca houve tanta conquista da ciência e da tecnologia e tanta hediondez do sentimento e das emoções. As glórias das conquistas do intelecto esmaecem-se diante do abismo da crueldade, da dissolução dos costumes, da perda da ética e da decadência das conquistas da civilização e da cultura.

Não seja, pois, de estranhar que a dor, sob vários aspectos, espraie-se no planeta terrestre não apenas como látego, mas, sobretudo, como convite à reflexão, como análise à transitoriedade do corpo, com o propósito de convocar as mentes e os corações para o ser espiritual que todos somos.

Fala-se sobre a tragédia do cotidiano com razão.

As ameaças de natureza sísmica, a cada momento, tornam-se realidade tanto de um lado como de outro do planeta. O crime campeia à solta e a floração da juventude entrega-se, com exceções compreensíveis, ao abastardamento do caráter, às licenças morais e à agressividade.

Sucede, meus filhos, que as regiões de sofrimento profundo estão liberando seus hóspedes que ali ficaram, em cárcere privado, por muitos séculos e, agora, na grande transição, recebem a oportunidade de se voltarem para o bem ou de optar pela loucura a que se têm entregado. E esses, que teimosamente permanecem no mal, em benefício próprio e do planeta, irão ao exílio em orbes inferiores, onde lapidarão a alma auxiliando os seus irmãos de natureza primitiva, como nos aconteceu no passado.

Por outro lado, os nobres promotores do progresso de todos os tempos passados também se reencarnam nesta hora, para acelerar as conquistas, não só da inteligência e da tecnologia de ponta, mas também dos valores morais e espirituais. Ao lado deles, benfeitores de outra dimensão emboscam-se na matéria para se tornarem os grandes líderes e sensibilizarem esses verdugos da sociedade.

Aos médiuns cabe a grande tarefa de ser ponte entre as dores e as consolações. Aos dialogadores cabe a honrosa tarefa de ser, cada um deles, psicoterapeuta de desencarnados, contribuindo para a saúde geral. Enquanto os médiuns se entregam ao benefício caridoso com os irmãos em agonia, também têm as suas dores diminuídas, o seu fardo de provas amenizado, as suas aflições contornadas, porque o amor é o grande mensageiro da misericórdia que dilui todos os impedimentos ao progresso, que é o sol da vida, meus filhos, que dissolve a névoa da ignorância e que apaga a noite da impiedade.

Reencarnastes para contribuir em favor da Nova Era.

As vossas existências não aconteceram ao acaso, foram programadas.

Terceira parte

Antes de mergulhardes na neblina carnal, lestes o programa que vos dizia respeito e o firmastes, dando o assentimento para as provas e as glórias estelares.

O Espiritismo é Jesus que volta de braços abertos, descrucificado, ressurreto e vivo, cantando a sinfonia gloriosa da solidariedade.

Dai-vos as mãos!

Que as diferenças opinativas sejam limadas e os ideais de concordância sejam praticados. Que quaisquer pontos de objeção tornem-se secundários diante das metas a alcançar.

Sabemos das vossas dores, porque também passamos pela Terra e compreendemos que a névoa da matéria empana o discernimento e, muitas vezes, dificulta a lógica necessária para a ação correta. Mas, ficai atentos: tendes compromissos com Jesus.

Não é a primeira vez que vos comprometestes enganando, enganando-vos. Mas esta é a oportunidade final, optativa para a glória da imortalidade ou para a anestesia da ilusão.

Ser espírita é encontrar o tesouro da sabedoria.

Reconhecemos que na luta cotidiana, na disputa social e econômica, financeira e humana do ganha-pão, esvai-se o entusiasmo, diminui a alegria do serviço, mas se permanecerdes fiéis, orando com as antenas direcionadas ao Pai Todo-Amor, não vos faltarão a inspiração, o apoio, as forças morais para vos defenderdes das agressões do mal que muitas vezes vos alcança.

Tende coragem, meus filhos, unidos, porque somos os *trabalhadores da última hora*, e o nosso será o salário igual ao do jornaleiro do primeiro momento.

Cantemos a alegria de servir e, ao sairmos daqui, levemos impresso no relicário da alma tudo aquilo que ocorreu em nossa reunião de santas intenções: as dores mais variadas, os rebeldes, os ignorantes, os aflitos, os infelizes, e também a palavra gentil dos amigos que velam por todos nós.

Confiando em nosso Senhor Jesus Cristo, que nos delegou a honra de falar em Seu nome, e em Seu nome ensinar, curar, levantar o ânimo e construir um mundo novo, rogamos a Ele, nosso divino Benfeitor, que a todos nos abençoe e nos dê a Sua paz.

São os votos do servidor humílimo e paternal de sempre,

BEZERRA

(Mensagem psicofônica recebida pelo médium Divaldo Pereira Franco, na reunião dos Grupos Espíritas da Califórnia, na manhã de 13 de novembro de 2010, em Los Angeles-CA, EUA).

3.22
Vem, Jesus!

Oh Jesus!

Estamos exaustos dos prazeres da Terra.

Encontramo-nos assinalados pelo desconforto moral e aturdidos pelas paixões desgastantes.

Mais do que nunca, sentimos a necessidade de nos unirmos a Ti. Hoje, como ontem, a Tua presença arrebata-nos e algo profundo penetra-nos o ádito do coração, onde ressoa a Tua magnífica voz e nos sentimos tocados pela Tua palavra libertadora.

Ergue-nos do abismo em que nos precipitamos. Permite que nesta grande noite que se abate sobre a Terra, no momento do alvorecer, nós que estamos buscando amar-Te, possamos ouvir-Te a voz e seguir-Te as pegadas.

Não é a primeira vez que nos colocas no Teu rebanho e que nos afastamos pelos desvios da insensatez.

Com o *Consolador* que nos prometeste, assumimos o compromisso de seguir-Te fiéis até o momento da Tua glorificação no mundo, Tu que venceste o mundo. Vem, Jesus, diminuir as nossas angústias e preencher-nos o vazio existencial.

Somente Tu tens a palavra de vida eterna, o pão que nutre todas as necessidades e a linfa que mata a sede para sempre. Vem ter conosco, os transviados discípulos do Teu Evangelho, aqui reunidos. Esperamos a Tua mercê, como sendo o Teu presente de aniversário a nós outros que sempre nos esquecemos do aniversariante.

*

Filhas e filhos da alma, este é o nosso momento de despertar e de insculpir, em letras de fogo, nos painéis do Espírito que somos, o *amai-vos uns aos outros quanto Eu vos amei*. E *não façais a outrem aquilo que não queirais que outrem vos faça.*
Não há alternativa, meus filhos, senão o amor..
Celebremos o nosso natal cada dia, todo dia. Porém, na noite e dia evocativos de Sua chegada ao mundo terrestre para conviver conosco, com unção, repitamos a música dos Anjos: *Glória a Deus nas alturas, paz na Terra, boa vontade para com os homens*!
São os votos que vos fazem os Espíritos-espíritas aqui presentes, por intermédio deste servidor humílimo e paternal,

BEZERRA

Muita paz, meus filhos.

(Mensagem psicofônica recebida pelo médium Divaldo Pereira Franco, na tarde de 5 de dezembro 2010, no Centro de Convenções Edson Queiroz, de Fortaleza-CE, por ocasião da realização do XIV Congresso Espírita do Estado do Ceará).

3.23
Convocação

Fomos chamados por Jesus para tornar o mundo melhor.

Não foi por acaso que na hora última a voz do divino Pastor chegou até nós. Não nos encontramos no mundo assinalados apenas pelos delitos e pelos erros pretéritos. Somos os servos do Senhor em processo de aperfeiçoamento para melhor servi-Lo.

Nem a jactância dos presunçosos, nem a subestima dos que preferem a acomodação.

Servir, meus filhos, com a instrumentalidade de que disponhamos, é o nosso dever.

Observamos que a seara cresce, mas os trabalhadores não se multiplicam geometricamente como seria de desejar, porque estamos aferrados aos hábitos doentios, que no momento da evolução antropológica, serviram-nos de base para a transformação do instinto em emoção edificante.

A maneira mais segura de preservar os valores do Evangelho de Jesus em nós é por meio da vinculação mental com o nosso Condutor.

Saiamos da acomodação justificada de maneira incorreta para a ação. Abandonemos as reações perturbadoras e aprendamos as ações edificantes.

Sempre dizemos que necessitamos de Jesus, sem cuja misericórdia estaríamos como náufragos perdidos na grande travessia da evolução, mas tenhamos em mente que Jesus necessita de nós, porque enquanto Lhe falamos pela oração, Ele nos responde pela inspiração.

Ele age pelos nossos sentimentos, por meio das nossas mãos. Sejam as mãos que ajudam, abençoadas em grau mais expressivo, do que os lábios que murmuram preces contemplativas.

A nossa postura no mundo, neste momento, é de misericórdia.

Que nos importam os comentários deprimentes a nosso respeito, se valorizamos o mundo, respeitando os seus cânones e paradigmas? Não nos preocupemos com que o mundo pensa e fala de nós por meio de outros corações.

No belo ensinamento de Jesus, na casa de Lázaro, enquanto Maria O ouve e Marta se afadiga, temos uma lição extraordinária: não é necessário ficar numa contemplação de natureza egoística, mas é necessário aprender para poder servir.

A atitude de Marta é ansiosa, era a preocupação com o exterior. A atitude de Maria era iluminativa, a que parte dos tesouros sublimes da coragem e do amor, pela sabedoria, para poder melhor servir.

O serviço é o nosso campo de iluminação.

Nós outros, os companheiros da Vida Espiritual, acompanhamos as lágrimas que são vertidas pelos sentimentos de todos aqueles que nos suplicam ajuda e interferimos com a nossa pequenez junto ao Mestre incomparável para que Ele leve ao Pai as nossas necessidades. Bendigamos, porém, a dor sem qualquer laivo masoquista.

Agradeçamos a dor que nos desperta para a Verdade, e que nos dilui as ilusões, que faz naufragar as aventuras de consequências graves, antes que aconteçam.

Estamos, portanto, convocados para a construção da sociedade nova, na qual o Bem pairará soberano, como já ocorre, acima de todas e quaisquer vicissitudes.

Filhos da alma, tende bom ânimo!

Não recalcitreis contra o aguilhão nem vos permitais a deserção lamentável ou a parada perturbadora na escalada difícil da sublimação.

Jesus nos espera. Avancemos!

Terceira parte

Suplicando a Ele, o Amigo Incomparável de todos nós, envolvemos os afetuosos corações em dúlcidas vibrações de paz, na condição de servidor humílimo e paternal de sempre,

BEZERRA

(Mensagem psicofônica recebida pelo médium Divaldo Pereira Franco, ao final da conferência pública realizada no Grupo Espírita André Luiz, no Rio de Janeiro-RJ, na noite de 14 de julho de 2011).

3.24
A honra de servir

Nestes dias gloriosos, assinalados por tremendos conflitos no âmago da criatura humana; nesta hora em que todos somos convocados à solidariedade cristã, deveremos descruzar os braços para utilizar as armas do amor, construindo um mundo melhor de paz e de caridade, pelo qual todos anelamos.

Ouvistes, durante esses dias, as vozes espirituais que desceram sobre vós outros, como no Pentecostes recuado...

Médiuns expositores, lavradores da seara de Jesus, apresentaram-se aqui para falar da era nova da imortalidade.

Acompanhastes as suas mensagens com sorrisos e com emoções!

Aplaudistes o verbo inflamado dos oradores, dos expositores, dos que desenvolveram os seminários.

Anotastes na mente e no coração os conteúdos profundos em torno da imortalidade.

Encontrai-vos ricos de informações...

... E agora, quando vos preparais para retornar ao dia a dia, ao labor de toda hora, aplicai, aplicai as lições profundas de sabedoria, de misericórdia e de amor.

Sois os embaixadores da Era Nova!

Jesus elegeu aqueles Setenta da Galileia e os mandou dois a dois, para que divulgassem o Reino.

Agora vos conclama a todos vós, para que proclameis o reino da concórdia, a era da misericórdia, o momento da construção do mundo novo.

Não tergiverseis, não vos permitais a sintonia com a onda avassaladora que toma conta da Terra nesta transição de loucura.

Por certo, as aflições tendem a piorar e o homem moderno, rico de tecnologia e pobre de amor, sentirá falta das questões simples, da amizade pulcra, da bondade fraternal, do sorriso espontâneo, e terá que fazer a viagem de volta, infelizmente, pelas lágrimas.

Evitai, portanto, que isso aconteça, e semeai a esperança, a alegria de viver, a irrestrita confiança em Deus, que nos orienta por intermédio de Jesus, que prossegue conosco até o fim.

Ele disse que nunca nos deixaria órfãos.

Os Seus embaixadores estão entre nós, conosco, e auxiliam-nos na grande arrancada para o *mundo de regeneração*.

Filhos e filhas da alma, amai, não vos importe a ausência da resposta do amor, por enquanto.

Disputai a honra de amar.

Sede vós aqueles que semeiam os formosos dias do porvir, exultando pela honra de haverdes sidos convidados à hora última para a seara do bem.

Em nome dos Espíritos-espíritas que aqui têm estado durante esta semana e dos benfeitores que a todos nos ajudam, suplicamos a Deus e a Jesus que nos abençoem, que nos deem a Sua paz.

São os votos do servidor humílimo e paternal,

BEZERRA

(Mensagem psicofônica ditada pelo Espírito Adolfo Bezerra de Menezes, por intermédio do médium Divaldo Pereira Franco, no momento do encerramento da sua conferência de clausura da 58ª Semana Espírita de Vitória da Conquista-BA, no dia 11 de setembro de 2011).

3.25
Dor e coragem

Na Terra todos temos inimigos. Todos, sem exceção. Até Jesus os teve.

Mas isso não é importante. Importante é não ser inimigo de ninguém, tendo, dentro da alma, a dúlcida presença do incomparável Rabi, compreendendo que o nosso sentido psicológico é o de amar, porém, de amar indefinidamente.

Estamos no processo da reencarnação para sublimar os sentimentos.

Por necessidade da própria vida, a dor faz parte da jornada que nos levará ao triunfo.

É inevitável que experimentemos lágrimas e aflições. Mas elas constituem refrigério para os momentos de desafio.

Filhos da alma, filhas do coração!

O Mestre Divino necessita de nós na razão direta em que necessitamos Dele.

Não permitamos que se nos aloje no sentimento a presença famigerada da vingança ou dos seus áulicos: o ressentimento, o desejo de desforçar-se, as heranças macabras do egoísmo, da presunção, do narcisismo.

Todos somos frágeis. Todos atravessamos os picos da glória, mas, também, os abismos da dor.

Mantenhamo-nos vinculados a Jesus.

Ele disse que o Seu fardo é leve, o Seu jugo é suave.

Como nos julga Jesus? Julga-nos por meio da misericórdia e da compaixão.

E o Seu fardo é o esforço que devemos empreender para encontrar a plenitude.

Ide de retorno aos vossos lares e levai, no recôndito dos vossos corações, a palavra libertadora do amor.

Nunca revidar mal por mal. A qualquer ofensa, o perdão. A qualquer desafio, a dedicação fraternal.

O Mestre espera que contribuamos em favor do mundo melhor, com um sorriso gentil, uma palavra amiga, um aperto de mão.

Há tanta dor no mundo, tanta balbúrdia para esconder a dor, tanta violência gerando a dor, que é resultado das dores íntimas!

Eis que Eu vos mando como ovelhas mansas ao meio de lobos rapaces, disse Jesus. Mas virá um dia, completamos, que a ovelha e o lobo beberão a mesma água do córrego, juntos, sem agressividade.

Nos dias em que o amor enflorescer-se no coração da Humanidade, então, não haverá abismo, nem sofrimento, nem ignorância, porque a paz que vem do conhecimento da Verdade tomará conta de nossas vidas, e a plenitude nos estabelecerá o Reino dos Céus.

Que o Senhor vos abençoe, filhas e filhos do coração, são os votos do servidor humílimo e paternal, em nome dos Espíritos-espíritas que aqui estão participando deste encontro de fraternidade.

Muita paz, meus filhos, são os votos do velho amigo,

BEZERRA

(Mensagem psicofônica recebida pelo médium Divaldo Pereira Franco, em 25 de setembro de 2011 ao término da palestra na Creche Amélia Rodrigues, em Santo André-SP).

3.26
Trava-se a grande batalha

Meus filhos:

Permaneça conosco a paz do Senhor!

Vivemos o abençoado momento das definições no mundo, quando o *planeta de provas e expiações* estertorando, transita para o *mundo de regeneração*.

Convulsões internas e desafios externos acumulam-se em toda parte.

As dores acerbas convidam as criaturas humanas, ricas de ciência e de tecnologia, às provas de amor, às reflexões profundas em torno dos objetivos essenciais da existência humana.

Anunciadas desde os dias gloriosos do Senhor entre nós, cantando as grandezas do Seu Evangelho, tornam-se realidade neste período, quando os cristãos novos são convocados às definições exaradas na Sua palavra libertadora.

É compreensível que o fardo aflitivo conduza os sentimentos, algo estiolados, ao desespero, por falta de resistência moral de alguns dos encarregados da preparação da Era Nova. Nada obstante, é em momento desta natureza que se podem avaliar os legítimos valores do caráter, da personalidade do ser interior.

O Espiritismo veio para, no momento grave das dores, consolar as almas aturdidas. Não somente, porém, para lhes enxugar o pranto e o suor, mas principalmente para apontar-lhes a via de segurança para alcançar o objetivo libertador.

Quando o Mestre prometeu o *Paracleto*,[12] asseverou que Ele enxugaria as lágrimas. Entretanto, traçaria roteiros novos e apresentaria

---
[12] N.E.: O Consolador Prometido.

formulações desconhecidas, repetindo as lições originais, e Allan Kardec, *o vaso escolhido*, desincumbiu-se da nobre tarefa, coroado pelo sacrifício, pela abnegação e pela entrega total.

Passaram-se mais de cento e cinquenta anos desde as primeiras clarinadas de luz, e nesse período surgiram as dificuldades, os problemas humanos somados às necessidades da evolução ante o programa de iluminação de consciências.

Tendes compreendido que se torna necessária a entrega pessoal com todo amor ao trabalho de dignificação humana.

Já demonstrastes a fidelidade possível ao labor designado pelo Mestre incomparável...

Conduzindo a Terra aos sublimes páramos, permaneceis conscientes das responsabilidades que vos dizem respeito, e vindes desincumbindo-vos do compromisso com a retidão possível e, portanto, indispensável.

Permaneceis fiéis, mesmo sob as chuvas de calhaus, de infâmias e de dificuldades que se transformam em tempestades ameaçadoras...

É necessário confiar, sem que o desânimo tome conta dos vossos ideais.

Jesus confia em nós na razão direta em que nos entregamos ao Seu comando.

Se, sob um aspecto, as dores apresentam-se mais terríveis do que antes, por outro lado, a claridade do Evangelho já oferece a alegria de proporcionar a antevisão dos porvindouros dias.

Mantende a chama da fraternidade acesa nos corações a qualquer preço da verdade e do entusiasmo, a fim de que os enfraquecidos na luta retemperem o ânimo e prossigam, mesmo que tenham os *joelhos desconjuntados.*

Reuniões como estas devem repetir-se amiúde, para que quaisquer problemas sejam equacionados por intermédio da comunhão fraternal e do direcionamento para o Bem.

É natural que, muitas vezes, surjam divergências opinativas que não devem constituir motivo de dissensão pessoal.

Terceira parte

Cada criatura tem uma percepção muito especial, que lhe corresponde ao nível de evolução, e é compreensível que não veja de maneira igual aquilo que outros conseguem observar.

Somente marchando de mãos dadas pela trilha segura do Evangelho de Jesus é que conseguireis conduzir o rebanho ainda esparramado na direção do Pastor.

Comprometestes-vos antes do berço a realizar este labor de alta magnitude para o futuro da Humanidade. Deveis, portanto, executar o trabalho, avançando com toda a dedicação possível, mesmo que, muitas vezes, apresenteis a alma dorida e os sentimentos despedaçados pela injúria, pela perseguição gratuita, pelos adversários da luz...

Apresentai-O, meus filhos da alma, em toda a Sua grandeza refletida no vosso exemplo de abnegação e de amor.

Em dia não muito distante, desfraldando ainda a bandeira da paz, podereis sorrir, observando o campo de batalha, não mais juncado de cadáveres sangrando, mas de Espíritos vitoriosos sobre as paixões dissolventes, cantando a glória da imortalidade.

Que o Senhor de bênçãos abençoe a todos, são os votos do servidor humílimo e paternal e dos mentores do trabalho em execução nos diferentes países que constituem o Conselho Espírita Internacional.

Muita paz, meus filhos, com todo o carinho do amigo de sempre,

Bezerra

(Mensagem psicofônica recebida pelo médium Divaldo Pereira Franco, no dia 28 de outubro de 2011, em Maia, Portugal, durante o encerramento da reunião do Conselho Espírita Internacional, na Europa).

3.27
Testemunho pessoal

Filhos da alma, que nos abençoe Jesus, o Mestre inigualável!

Estes são dias tumultuosos. Nada obstante, recebestes as diretrizes do equilíbrio para fomentar a paz no seio da sociedade conturbada, para fixarmos juntos os alicerces morais da Era Nova.

Ouvistes as lições que verteram do Mais-Alto, por meio dos intérpretes da libertadora Doutrina dos Espíritos.

Esculpi essas lições no âmago dos vossos sentimentos e nunca temais o mal nem as artimanhas da crueldade.

Jesus vos assinala com as condecorações de testemunho para que todos saibam que sois seus discípulos.

Desafios e dificuldades fazem parte do cardápio existencial. No entanto, quando se abraça o ideal de enobrecimento, é compreensível que esses sentimentos e provas apresentem-se volumosos.

No caso específico da Doutrina Espírita, restaurando o Evangelho de Jesus no mundo, é natural que experimentemos sofrimentos e aflições, conforme enunciado por Ele, que no mundo somente isso experimentaríamos.

Mantende, porém, a esperança.

Conservai a alegria inaudita de haverdes sido convidados a laborar na sua vinha, no crepúsculo do dia, e vos encontrardes firmes e conscientes, fazendo o melhor para que a grande noite que se avizinha seja breve, dando lugar ao sublime dia da regeneração.

Nunca penseis que estais a sós.

O Senhor segue à frente e Seus emissários socorrem-vos, amparando-vos, inspirando-vos e sustentando-vos nos momentos mais difíceis.

Lutai no mundo e entre as suas paixões, utilizando-vos dos sublimes instrumentos que trazem o amor, não vos utilizando de quaisquer outras armas, senão dos recursos sublimes da compaixão, da misericórdia, da caridade.

Voltai aos vossos lares assinalados pela misericórdia do Senhor e experimentai a alegria por conhecerdes a verdade e conseguirdes incorporá-la aos vossos movimentos no corpo.

Deus vos abençoe, meus filhos, e vos conduza em paz.

São os votos dos Espíritos-espíritas aqui presentes, por intermédio do servidor humílimo e paternal de sempre,

BEZERRA

(Mensagem psicofônica recebida pelo médium Divaldo Pereira Franco, no encerramento da XIV Conferência realizada pela Federação Espírita do Paraná, na tarde de 18 de março de 2012, no EXPOCENTRO, em Pinhais-PR).

3.28
Era nova de divulgação do Reino de Deus

Filhos da alma, que Jesus nos abençoe.

Soam, na Espiritualidade Superior, os clarins que anunciam a grande transição.

Nem tudo, porém, são trevas e sofrimentos. Não apenas testemunhos e lágrimas em holocaustos novos, homenageando o Senhor da Vida.

A misericórdia do amor enseja-nos a madrugada de luz, caracterizada por um festival de bênçãos.

Desde há muito, não se observam expectativas abençoadas como as que se desenham para o futuro. Era Nova de divulgação do Reino de Deus nos corações ansiosos de paz. Momento significativo de comunhão entre a Terra e os Céus. As falanges do amor confraternizam com os emissários da caridade mergulhados na indumentária carnal.

Indispensável que nos predisponhamos todos, desencarnados e encarnados, a essa comunhão efetiva em que o mundo transcendente e a vida imanente no planeta terrestre se hajam cansado de perseguições e de angústias, de sombras e de amarguras.

Neste momento, cabe-nos recordar as Boas-Novas de alegria que, chegando à Terra, por segunda vez, se instalarão por definitivo no país das almas humanas, favorecendo-as com a paz anelada.

Mantende-vos fiéis aos postulados da Codificação Espírita, que restaura em sua pulcritude a mensagem de Jesus. Esforçai-vos para que daqui saiam as claridades diamantinas do Evangelho, em espírito e verdade, a espalhar-se pela nacionalidade brasileira, nos próximos festivos dias de gratidão e de exaltação ao incomparável Mestre galileu. E, das terras formosas do Cruzeiro, espraiem-se as notícias libertadoras por toda a Terra, iniciando verdadeiramente o período novo.

Conheceis, graças às cicatrizes na alma, as dificuldades que defluem da longa jornada pelos difíceis caminhos da renovação espiritual. Trazeis as marcas profundas dos erros praticados, agora diluídas suavemente com os sublimes antídotos do Evangelho libertador.

Sede fiéis àqueles que, em nome de Jesus, prepararam estes caminhos para que pudésseis percorrê-los.

Não temais o mal, por mais que se afigure aparvalhante, por mais complexas e traiçoeiras que sejam as suas armadilhas, porquanto, somente lobos caem nos alçapões para lobos. E, porque estais no rebanho do Senhor, Ele cuidará para que não tombeis nessas facilidades perturbadoras.

Os Espíritos, encarregados de dirigir a nacionalidade brasileira, acompanham o momento político e social da Pátria do Evangelho, e Jesus está no leme da barca terrestre. Não duvideis, mesmo quando tudo parece conspirar contra a ordem, a legalidade, o dever. As Vozes dos céus proclamam a Ordem superior e mandam que desçam, às sombras terrestres, os emissários da verdade, para a grande restauração.

Sois os abridores dos caminhos do porvir, como outros o fizeram para vós.

Exultai por viverdes estes gloriosos dias da Humanidade, de ciência, de tecnologia de ponta, de conquistas da inteligência e de despertamento das emoções nobres do chavascal das paixões perturbadoras. Pedistes para renascer nesta hora de desafio e recebestes a bússola para vos oferecer o norte magnético que é Jesus.

Prossegui, filhos da alma, jubilosos, vigilantes e devotados, porque o amanhã vos pertence, porque pertence ao incomparável Rabi da Galileia.

Nós, os Espíritos-espíritas, integrando as hostes do Evangelho, abraçamos os vossos sentimentos, as vossas vidas, buscando suplicar ao Pai celestial que vos aureole com as bênçãos imarcescíveis da saúde integral e da paz.

Terceira parte

Que Ele, o Guia e Modelo da Humanidade, nos abençoe! São os votos do servidor humílimo e paternal de sempre,

BEZERRA

(Mensagem psicofônica recebida pelo médium Divaldo Pereira Franco, no encerramento da Reunião Ordinária do Conselho Federativo Nacional, realizada na sede da Federação Espírita Brasileira, em Brasília-DF, na manhã de 8 de novembro de 2009).

3.29
Ser espírita

Ser espírita é ser cristão, viver religiosamente o Cristo de Deus em toda a intensidade do compromisso, caindo e levantando, desconjuntando os joelhos e retificando os passos, remendando as carnes dilaceradas e prosseguindo fiel em favor de si mesmo e da era do Espírito imortal. Chamados para esta luta que começa no país da consciência e se exterioriza na indimensionalidade geográfica, além das fronteiras do lar, do grupo social, da pátria, em direção ao mundo, lutai para serdes escolhidos. Perseverai para receberdes a eleição de servidores fiéis que perderam tudo, menos a honra de servir; que padeceram, imolados na cruz invisível da renúncia, que vos erguerá aos páramos da plenitude. Jesus, meus filhos — que prossegue crucificado pela ingratidão de muitos homens —, é livre em nossos corações, caminha pelos nossos pés, afaga com nossas mãos, fala em nossas palavras gentis e só vê beleza pelos nossos olhos fulgurantes como estrelas luminíferas no silêncio da noite.

BEZERRA

(Trecho da mensagem psicofônica "O Brasil e a sua missão histórica de 'Coração do mundo e pátria do Evangelho'", recebida por Divaldo Pereira Franco, na Reunião do Conselho Federativo Nacional, em 6 de novembro de 1988).

3.30
Momento da gloriosa transição

Estamos agora em um novo período.

Estes dias assinalam uma data muito especial, a data da mudança do mundo, de provas e expiações para o mundo de regeneração. A grande noite que se abatia sobre a Terra lentamente deu lugar ao amanhecer de bênçãos.

Retroceder não mais é possível.

Firmastes, filhas e filhos da alma, um compromisso com Jesus, antes de mergulhardes na indumentária carnal, de servi-Lo com abnegação e devotamento.

Prometestes que lhes seríeis fiéis mesmo que vos fosse exigido o sacrifício.

Alargando-se os horizontes desse amanhecer que viaja para a plenitude do dia, exultemos juntos — os Espíritos desencarnados e vós outros que transitais pelo mundo de sombras —, mas, além do júbilo que a todos nos domina, tenhamos em mente as graves responsabilidades que nos exornam a existência no corpo ou fora dele.

Deveremos reviver os dias inolvidáveis da época do martirológio. Seremos convidados, não somente ao aplauso, ao entusiasmo, ao júbilo, mas também ao testemunho. O testemunho silencioso nas paisagens internas da alma. O testemunho por amor àqueles que não nos amam. O testemunho de abnegação no sentido de ajudar aqueles que ainda se comprazem em gerar dificuldades, tentando inutilmente obstacularizar a marcha do progresso.

Iniciada a grande transição, chegaremos ao clímax, e na razão direta em que o planeta experimenta as suas mudanças físicas, geológicas, as mudanças morais são inadiáveis. Que sejamos nós aqueles Espíritos-espíritas que demonstremos a grandeza do amor de Jesus em nossas vidas. Que outros reclamem, que outros se queixem, que outros deblaterem, que nós outros guardemos nos refolhos da alma o compromisso de amar e amar sempre, trazendo Jesus de volta com toda a pujança daqueles dias que vão longe e que estão muito perto...

Jesus, filhas e filhos queridos, espera por nós!

Que sejam nosso escudo o amor, nossas ferramentas o amor e a nossa vida um hino de amor.

São os votos que formulamos, os Espíritos-espíritas aqui presentes, e que me sugeriram representá-los diante de vós.

Com muito carinho, o servidor humílimo e paternal de sempre,

BEZERRA

(Mensagem psicofônica recebida pelo médium Divaldo Pereira Franco, no encerramento das comemorações do Centenário de Nascimento de Chico Xavier, realizadas no Centro de Convenções Ulysses Guimarães, em Brasília-DF, no dia 18 de abril de 2010).

3.31
Sem adiamentos

Filhos da alma, que Jesus nos abençoe!

Aqueles dias, assinalados pelo ódio e pela traição, pelo desbordar das paixões asselvajadas pelo crime e a hediondez, eram as bases sobre as quais as forças conjugadas do Mal iam erigir o seu quartel de destruição do Bem.

Veio Jesus e gerou uma nova era centrada no amor.

Dezenove séculos depois, apresentavam-se as criaturas em condições quase equivalentes. É certo que, nesse ínterim, houve um grande desenvolvimento tecnológico e científico, e o progresso colocou fronteiras que se abriam para o futuro, mas as lutas eram tirânicas entre o materialismo e o espiritualismo.

Então veio Allan Kardec e, com a caridade exaltando o amor do Mestre, proporcionou à Ciência investigar em profundidade o ser humano, identificando-lhe a imortalidade, a comunicabilidade, a reencarnação do Espírito, que é indestrutível.

Cento e cinquenta anos depois, as paisagens terrestres encontram-se sombreadas por crimes equivalentes aos referidos, que não ficaram apenas no passado, e o monstro da guerra espreita sorrateiro nos pontos cardeais do planeta, aguardando o momento para apresentar-se destruidor, como se capaz fosse de eliminar o Bem, de destruir a Vida.

Neste momento, a Doutrina Espírita, sintetizando o pensamento de Cristo nas informações da sua grandiosa filosofia centrada na experiência dos fatos, apresenta a Era da Paz, proporcionando a visão otimista do futuro e oferecendo a alegria de viver a serviço do Bem.

Vivemos os momentos difíceis da grande transição terrestre.

As dificuldades multiplicam-se e a cizânia homizia-se nos corações, procurando gerar divisionismos e partidos que entrem em conflagração com caráter destruidor. O ódio, disfarçado na indumentária da hipocrisia, assenhoreia-se das vidas, enquanto a insensatez estimula os instintos não superados, para que atirem a criatura humana no charco das paixões dissolventes, onde pretendem afogá-la. Mas é neste momento grave que as luzes soberanas da verdade brilham no velador das consciências, conclamando-nos a todos, desencarnados e encarnados, a porfiar no bem até o fim.

Não são fáceis as batalhas travadas no íntimo, mas Jesus não nos prometeu facilidades. Referiu-se mesmo à espada que deveria separar o bem do mal, destruir a iniquidade para salvar o iníquo. Os desafios que se multiplicam constituem a grande prova, por meio da qual nos recuperamos dos delitos graves contra nós mesmos, o nosso próximo, a sociedade, quando pervertemos a mensagem de amor inspirados pelos interesses vis a que nos afeiçoávamos.

Agora é o grande instante da decisão. Não há mais lugar para titubeios, para postergarmos a realização do ideal.

Já compreendemos, juntos, que os denominados dois mundos são apenas um mundo em duas vibrações diferentes. Estão perfeitamente integrados, no objetivo de construir outro mundo melhor e fazer feliz a criatura humana.

Demo-nos as mãos, unidos, para que demonstremos que as nossas pequenas diferenças de opinião são insuficientes para superar a identificação dos nossos propósitos, nos paradigmas doutrinários em que firmamos os ideais.

Demo-nos as mãos, para enfrentarmos a onda de homicídios legais nos disfarces do aborto, da eutanásia, do suicídio, da pena de morte, que sempre buscam a legitimação, porque jamais serão morais.

Empenhemo-nos por viver conforme as diretrizes austeras exaradas no Evangelho e atualizadas pelo Espiritismo.

Jesus, meus filhos, encontra-se conduzindo a nau terrestre e a levará ao porto seguro que lhe está destinado.

Disputemos a honra de fazer parte da sua tripulação, na condição de humildes colaboradores. Que sejamos, porém, fiéis ao comando da Sua dúlcida voz.

Não revidar mal por mal, não desperdiçar o tempo nas discussões infrutíferas das vaidades humanas, utilizar esse patrimônio na edificação do Reino de Deus em nós mesmos, são as antigas-novas diretrizes que nos conduzirão ao destino que buscamos.

Estes são dias tumultuosos!

Se, de uma forma, viveis as alegrias dos avanços do conhecimento científico e tecnológico, desfrutais das comodidades que proporcionam ao lado de centenas de milhões de Espíritos sofridos e anatematizados pela enfermidade, pela fome, pela dor, quase esquecidos, também são os dias de acender a luz do amor em vossos corações, para que o amor distenda as vossas mãos na direção deles, os filhos do calvário. Mas não apenas deles, como também dos filhos do calvário no próprio lar, na Casa Espírita, na oficina de dignificação pelo trabalho, no grupo social...

Em toda parte, Jesus necessita de vós, para falar pela vossa boca, caminhar pelos vossos pés e agir por meio das vossas mãos.

Exultai, se incompreendidos.

Alegrai-vos, se acusados. Buscai sorrir, se caluniados ou esquecidos dos aplausos terrestres.

As vossas condecorações serão as feridas cicatrizadas na alma que constituirão o passaporte divino para, depois da grave travessia, entrardes no grande lar em paz.

Ide, pois, de retorno às vossas lides e amai.

Levai Jesus convosco e vivei-O.

Ensinai a todos a doutrina de libertação e dela fazei a vossa bússola.

Na ampulheta das horas o tempo continua inexoravelmente sem tempo para adiamentos.

Vigiai orando e amai servindo.

Que o Senhor de bênçãos nos abençoe, filhos da alma, é a súplica que faz o servidor humílimo e paternal de sempre,

Bezerra

(Mensagem psicofônica recebida pelo médium Divaldo Pereira Franco ao final da Reunião do Conselho Federativo Nacional da Federação Espírita Brasileira, no dia 11 de novembro de 2007, em Brasília-DF).

3.32
Vivência do amor

Meus filhos, que o Senhor nos abençoe e nos guarde na Sua paz.

A reencarnação, a nobre fiandeira dos destinos, promovendo o Espírito, etapa a etapa, faculta-lhe a conquista da plenitude, herdando de cada experiência os atavismos que devem ser superados no processo da evolução.

Repetimos, não poucas vezes, as experiências malsucedidas, revivendo os mesmos equívocos de que nos deveríamos libertar em face da oportunidade de progresso. Em razão disso, encontramo-nos, não poucas vezes, aturdidos ante a mirífica luz do Evangelho e as amarras em que a consciência permanece atada ao passado de sombras.

O egoísmo, esse vírus perturbador do processo de libertação, propõe, então, por meio dos caprichos, que sejam trazidos de volta, esses infelizes fenômenos que não foram totalmente liberados. É por isso, meus filhos, que ainda hoje, graças ao sublime contributo da Doutrina Espírita, aturdimo-nos, procurando avançar sem a liberdade de alçar voos mais amplos, porque as lembranças do ontem nos jungem às situações perniciosas que nos marcaram profundamente.

Tende, porém, a coragem de viver a madrugada nova, de assumir a decisão de desatar-vos dos laços perversos que vos retardam a marcha, no avanço pelas infinitas estradas do progresso.

Iluminados pelo conhecimento libertador, necessitais de vivenciar pelos exemplos que o amor proporciona, em evocação da incomparável figura de Jesus Cristo.

O Mestre, exemplo máximo de conhecimento, por haver sido o Construtor do nosso planeta com seus nobres arquitetos, não olvidou a experiência do amor, oferecendo aos infelizes que não podiam discernir o alimento que atendesse à fome orgânica, o socorro à enfermidade, a dádiva de compaixão em relação às heranças das existências passadas. Por isso, multiplicou pães e peixes, porque a multidão tinha fome, levantou paralíticos, restituiu luminosidade aos olhos apagados, desatou línguas amarradas na mudez, abriu ouvidos moucos à melodia da vida, ensejou a cicatrização das chagas purulentas, mas também retirou a hanseníase moral que os Espíritos carregavam, a fim de não retornarem aos mesmos processos depurativos, propondo que fizéssemos tudo isso em Sua memória, restaurando-Lhe os ensinamentos sublimes e as práticas inolvidáveis.

O Espiritismo chega à consciência terrestre para servir de ponte entre as diferentes ciências, iluminando-as com a fé racional, mas, ao mesmo tempo, oferecendo o contributo sublime da caridade fraternal em todas as formas como se possa expressar.

Não vos esqueçais, portanto, nunca, em vosso ministério de libertação de consciências, da vivência do amor. Avançai no rumo do progresso, estendendo, porém, a mão generosa e o coração afável àquele que se encontra na retaguarda, necessitado de carinho e de ensejo iluminativo. Dai-lhe o pão, mas também a luz, na verdade, oferecei a informação doutrinária para demonstrar-lhe o quanto vos faz bem esse conhecimento, em face das transformações morais para melhor, que vos impusestes, logrando os primeiros êxitos...

Este é o grande momento da transição, e todos enfrentaremos dificuldades. Vós outros, principalmente, em razão dos compromissos elevados, experimentareis as dores talvez mais acerbas no cerne da alma, por meio de traições inesperadas, de enfermidades não avisadas, de solidão. E sem nenhum apoio aos sentimentos masoquistas, agradecei a Deus a bênção do resgate, enquanto vossas mãos estiverem segurando a charrua e lavrando a terra dos corações para ensementação da verdade.

Não desanimeis, nunca!

O instante mais perturbador da noite é também o instante que abre o leque de luz na direção da alvorada. Permanecei fiéis à proposta que herdastes do egrégio Codificador do Espiritismo, sendo companheiros uns dos outros em nosso Movimento Espírita, preparando-vos para a lídima fraternidade no organismo social tumultuado da Terra dos vossos dias.

Jesus, meus filhos, inspira-nos, segue conosco.

Embora pareça que a sociedade marcha para o caos, o Grande Nauta conduz com segurança a barca da Terra e sabe que esses acidentes na lei do progresso não conseguem impedir o desenvolvimento intelecto-moral das suas criaturas. Iluminai as vossas consciências, portanto, e amai até sentirdes plenamente a presença do Amor não amado...

Que o Senhor de bênçãos continue abençoando-nos. São os votos que vos faz o servidor humílimo e paternal de sempre,

BEZERRA

(Mensagem psicofônica, recebida pelo médium Divaldo Pereira Franco, no encerramento da Reunião do Conselho Federativo Nacional, em 12 de novembro de 2006, na Federação Espírita Brasileira , em Brasília-DF).

3.33
O sal da terra

Filhos da alma, que Jesus nos guarde na Sua paz.
Sois o sal da Terra e deveis preservar- lhe o sabor.
O Espiritismo, na atualidade, oferece-nos Jesus de retorno, conforme os padrões da Cultura, da Ciência e da Tecnologia.

Ensejando a compreensão dos deveres da criatura humana perante si mesma, o seu próximo e o Pai Criador, o Espiritismo equipa-nos de instrumentos hábeis para a construção do mundo novo pelo qual aspiramos.

Vivemos o momento da renovação social prevista pelo emérito Codificador, como sendo a etapa última que o Espiritismo vivenciaria na Terra, inaugurando o mundo de regeneração.

Para que isso pudesse acontecer, compreensivelmente, as dores atingem graus superlativos, convidando a criatura desatenta à responsabilidade a respeito do seu destino na Terra. Fez-se necessário que os disparates tomassem conta da cultura, entorpecendo-a ou agredindo-a vilmente, a fim de que possa experimentar a renovação ético-moral que se lhe faz imprescindível. A vós, que sois *o sal da Terra*, cabe a tarefa de desenvolver este postulado doutrinário de renovação do mundo, iniciando essa renovação em vós próprios, trabalhando os metais do mundo íntimo para que se tornem maleáveis ao amor e nele insculpam a promessa de Jesus de que a felicidade, não sendo deste mundo, pode ser alcançada por meio dele.

Enfrentais, no momento, dificuldades que se multiplicam. Tendes pela frente desafios inumeráveis. Lobos vestem-se de ovelhas para ameaçarem o rebanho. Permanecei vigilantes como estais demonstrando, a fim de passarmos às gerações do futuro a Doutrina dos

Espíritos na pulcritude e nobreza com que a recebemos de Allan Kardec e dos mensageiros que a compuseram.

A vós, sob a inspiração dos guias espirituais do Movimento Espírita na Terra, está destinada a tarefa infatigável de porfiar no bem, de exercitar a compaixão e a caridade, mas não conivir, em nome da tolerância, com o erro nem com o crime.

Chega o momento de levar a mensagem espírita a todos quantos a ignoram, utilizando-se dos notáveis instrumentos que a tecnologia de ponta coloca ao vosso alcance. Não temais aqueles que se apresentam como ameaças, porque o seu poder relativo é transitório. Tendes a inspiração de Jesus que prossegue com todos e, particularmente, inspirando aqueles que sintonizam com a Sua palavra de libertação. Sem dúvida, o Espiritismo é a Ciência que investiga, que demonstra, que comprova. É a Filosofia que explica, elucidando os enigmas do conhecimento humano.

Mas é a religião que ata as criaturas umas às outras e ao Senhor da Vida, por intermédio de Jesus: o Caminho para a Verdade, o Caminho para a Vida!

Espiritismo sem Jesus é proposta multifacetada e bela, cuja alma perde a vitalidade. Por isso que Jesus, sendo *o ser mais perfeito que Deus, ofereceu à criatura humana para servir-lhe de modelo e guia*, prossegue como sendo a nossa meta a atingir. Sede-Lhe fiéis, queridos filhos da alma. Não vos compreenderão os discutidores sistemáticos que se propõem à substituição Daquele que é o nosso modelo por outros que não suportam as lutas nem o crivo severo da razão.

Tende misericórdia desses contendores que se utilizam de quaisquer instrumentos para afligir-vos. Mantende na mente que não são muito diferentes estes daqueles dias em que Ele aqui esteve conosco. O farisaísmo prossegue com outras rotulagens. Os saduceus permanecem negando a vida triunfante sobre a relatividade do mundo transitório da matéria. Sacerdócios, organizados ou não, apresentam as suas propostas utilitaristas, combatendo aqueles que pretendem o Reino de Deus fora das fronteiras terrestres. Cabe-vos a permanência no ideal.

Não compreendidos, compreendendo. Malsinados, perdoando.

Perseguidos, mantendo misericórdia. Esses fenômenos, que objetivam dificultar a marcha do bem, são, muitos deles, provocados pelos desencarnados infelizes, que ainda se comprazem em criar embaraços à divulgação do Cristo vivo e da Sua mensagem pura e enobrecedora.

Vigiai, portanto, *as nascentes do coração*, mantendo-vos unidos.

Em união, dispondes de resistência para qualquer evento perturbador.

Em fragmentação, sereis vencidos, um após o outro, inutilizando o trabalho do bem, embora temporariamente...

O escândalo ocorre, mas que não seja por vosso intermédio. Mantende fidelidade à fé libertadora que abraçais, com a qual vos comprometestes antes do mergulho na indumentária carnal.

Não é esta a primeira vez que tomais conhecimento com a Doutrina libertadora. Repetis a experiência de iluminação espiritista em face de algum malogro, em dias não muito distantes. Tomai agora a chama que aquece e ilumina, e levai-a na imensa corrida pelo Reino de Deus, para a entronizardes no lugar em que deve brilhar, conforme a velha parábola da luz colocada no lugar próprio.

Tendes compromisso com a Terra sofrida, a generosa mãe que nos tem albergado inúmeras vezes.

Porém, lutando, não utilizeis das armas de destruição, e sim daquelas que edificam e dignificam a criatura humana.

Não vos faltarão os recursos próprios à vitória sobre as paixões inferiores. E, a longo prazo, a vitória sobre as circunstâncias negativas que predominam, por enquanto, nos arraiais terrestres.

Vossos amigos espirituais aqui conosco abraçam-vos, contando com o vosso trabalho de abnegação e de entrega, tornando este que vos fala instrumento do seu carinho, da sua gratidão e da sua ternura.

Ide, pois, em paz, como os *Setenta da Galileia*, preparando caminhos para que logreis fazer do solo a terra generosa e ubérrima para ensementação do Reino de Deus.

Muita paz, meus filhos! Que o Senhor de bênçãos nos abençoe e nos despeça.

São os votos do servidor humílimo e paternal de sempre,

BEZERRA

(Mensagem psicofônica recebida pelo médium Divaldo Franco no encerramento da Reunião Ordinária do Conselho Federativo Nacional, em 13 de novembro de 2005).

3.34
Prosseguimento na luta

Filhos da alma, que o Senhor nos abençoe!

A criatura terrestre destes dias, guindada pela ciência e pela tecnologia a patamares elevados do conhecimento, ainda estorcega nas aflições do seu processo evolutivo.

As conquistas relevantes logradas até este momento não conseguiram equacionar o problema da criatura em si mesma.

Avolumam-se os conflitos entre as nações, apesar do esforço de abnegados missionários na área da política e da diplomacia internacionais.

Cresce o conflito entre os grupos sociais, nada obstante o empenho de dedicados seareiros do Bem, tornando-se pontes para o entendimento entre os grupos litigantes.

O espectro da fome vigia as nações tecnológica e economicamente menos aquinhoadas, ameaçando de extermínio larga fatia da população terrestre, não se considerando os milhões de indivíduos que, sobrevivendo à calamidade, permanecerão com sequelas inamovíveis.

A violência urbana, por todos conhecida, atinge níveis quase insuportáveis.

E, apesar do sacrifício de legisladores abençoados pelo Mundo Espiritual Superior cada dia faz-se mais agressiva e hedionda, sem arrolarmos os prejuízos dos fatores pretéritos que a desencadearam, pelos impositivos restritivos à liberdade individual e das massas.

Não podemos negar que este é o grande momento de transição do mundo de provas e de expiações para o mundo de regeneração.

Trava-se em todos os segmentos da sociedade, nos mais diferenciados níveis do comportamento físico, mental e emocional, a grande batalha.

O Espiritismo veio para estes momentos oferecendo os nobres instrumentos do amor, da concórdia, do perdão, da compaixão.

Iluminou o conhecimento terrestre com as diretrizes próprias para o encaminhamento seguro na direção da verdade.

Ensejou à filosofia uma visão mais equânime e otimista a respeito da vida na Terra. Facultou à religião o desalgemar das criaturas humanas, arrebentando os elos rigorosos dos seus dogmas e da sua intolerância, a fim de que viceje a fraternidade que deve viger entre todas as criaturas.

Cabe a todos nós, aos espíritas encarnados e aos Espíritos-espíritas, a tarefa de ampliar as balizas do Reino de Deus entre as criaturas da Terra.

Divulgar o Espiritismo por todos os meios e modos dignos ao alcance é tarefa prioritária.

A dor é colossal, neste momento, no mundo terrestre... E o Consolador distende-lhe as mãos generosas para enxugar as lágrimas e os suores de todos aqueles que sofrem, mas, sobretudo, para eliminar as causas do sofrimento, erradicando-as por definitivo... E essa tarefa cabe à educação.

Criando nas mentes novas o pensamento perfeitamente consentâneo com o Evangelho de Nosso Senhor Jesus Cristo, retirando as anfractuosidades teológicas e dogmáticas com que o revestiram, produzindo arestas lamentáveis geradoras de atritos e de perturbações.

Não é possível mais postergar o momento da iluminação de consciência.

E o sofrimento que decorre da abnegação e do sacrifício, que nos deve constituir estímulos, são os meios únicos e eficazes para que seja demonstrada a excelência dos paradigmas e dos postulados da Codificação Espírita.

As criaturas humanas estão decepcionadas com as propostas feitas pelo utopismo que governa algumas mentes desavisadas. Mulheres e homens honestos encontram-se sem rumo, cansados de palavras ardentes e de propostas entusiastas, mas vazias de conteúdo e de significação.

O Espiritismo, meus filhos, é a resposta do Céu aos apelos mudos ou não formulados mentalmente sequer, de todas as criaturas terrestres.

Terceira parte

Estais honrados com a bênção do conhecimento libertador. Estais investidos da tarefa de ressuscitar a palavra da Boa-Nova, amortalhada pela indiferença ou sob o utilitarismo apressado dos que exploram as massas inconscientes, conduzindo-as para o seu sítio de exploração e de ignorância.

Vós recebestes o chamado do Senhor para preparar a terra, a fim de que a ensementação da verdade faça-se de imediato.

Unidos, amando-vos uns aos outros, mesmo quando discrepando em determinadas colocações de como fazer ou quando realizar, levai adiante o propósito de servir ao Mestre antes do interesse de cada qual de servir-se a si mesmo.

Já não há tempo para adiarmos a proposta de renovação do planeta.

Conhecemos as vossas dificuldades pessoais, sabemos das vossas lutas íntimas e identificamos os desafios que se vos apresentam amiúde, testando-vos as resistências morais.

Não desfaleçais! Os homens e as mulheres, a serviço do bem com Jesus, são as suas cartas vivas à Humanidade, a fim de que todas as criaturas leiam nas suas condutas o conteúdo restaurado do Evangelho, as colocações seguras dos imortais e catalogadas pelo insigne mensageiro Allan Kardec.

Uma nova mentalidade, uma mentalidade nova vem surgindo nos arraiais do Movimento Espírita.

Cada lutador compreende a necessidade de mais integrar-se na atividade doutrinária, a fim de que com mais rapidez se processe a era de renovação social e moral preconizada pelo preclaro mestre de Lyon.

Não vos faltam os instrumentos próprios para o êxito, a fim de que areis as terras do coração humano, para que desbraveis as províncias das almas terrestres, porfiando nessa ação, sem temerdes, sem deterdes o passo e sem retrocederdes. Estais acompanhando Jesus que, à frente, continua dizendo:

> Vinde, pois, a mim, vós todos que estais cansados e aflitos, conduzindo o vosso fardo e sob as vossas aflições, comigo esse fardo é leve e essas aflições são consoladas, porque eu vos ofereço a vida plena de paz e de felicidade.

Avancemos, pois, filhos da alma!

Corações em festa, embora as lágrimas nos olhos; passo firme, inobstante os joelhos desconjuntados; Espírito ereto, não obstante o peso das necessidades.

O Senhor, que nos ama, é nossa força e garantia de êxito.

Nunca vos faltarão os recursos próprios, que vindes recebendo e que recebereis até o momento final e depois da jornada cumprida, para que desempenheis a missão que vos diz respeito hoje e quando a tivestes, em épocas transatas, e falhastes...

Já não há tempo para enganos.

A decisão tomada precede a ação da vitória e com amor no sentimento e conhecimento na mente, tereis a sabedoria de permanecer fiéis até o fim.

Que o Senhor de bênçãos vos abençoe, amados filhos da alma.

São os votos dos vossos amigos espirituais que aqui estão convosco e do servidor humílimo e paternal de sempre,

BEZERRA

(Mensagem psicofônica recebida pelo médium Divaldo Pereira Franco, no encerramento da Reunião do Conselho Federativo Nacional, em 21 de novembro de 2004, na Federação Espírita Brasileira, em Brasília-DF).

3.35
Jesus, sol de primeira grandeza

Tu és o nosso Sol! Vem ter conosco, Jesus, pois se contigo debatemo-nos na aflição e jornadeamos na ignorância, sem Ti mergulharemos no caos. Aquece-nos, Senhor, para sermos dignos do Teu inefável amor.

Espíritas do mundo, aqui reunidos, tende como templo o Universo, como nos disse Léon Denis, o Apóstolo do Espiritismo francês, mas conduzi Jesus em vossos corações, em vossas palavras, em vossos atos. Semeai a claridade inapagável da Doutrina Espírita onde fordes. Deixai que ela brilhe por vosso intermédio. Sois, agora, mensageiros da Luz do Mundo. Fazei com que a Doutrina de liberdade que vibra, que pulsa em vós, encontre outros continentes de almas para conquistar. Não arroleis dificuldades, não anoteis desafios, não aponteis fracassos. A experiência resulta das tentativas de acerto e de erro. Em qualquer situação, amai. Diante de qualquer desafio, perseverai no Bem. Caluniados, jamais caluniadores. Agredidos, nunca agressores. Perseguidos, não perseguidores. O Mestre espera por vós, e o missionário Allan Kardec, a quem homenageamos, neste momento, vos inspira e vos guia em nome de Jesus.

Sede fiéis até o fim e ide em paz.

Que o Senhor de bênçãos vos abençoe, a todos nos abençoe! Em nome dos Espíritos-espíritas aqui presentes, de várias pátrias, abraça o coração de todos vós o servidor humílimo e paternal,

BEZERRA

(Mensagem psicofônica recebida pelo médium Divaldo Pereira Franco no dia 5 de outubro de 2004, em Paris, França, por ocasião da solenidade de encerramento do 4° Congresso Espírita Mundial).

3.36
Brilhe a vossa luz

Meus filhos,

Permaneça Jesus sendo o nosso zênite e o nosso nadir. Dealba dia novo!

Não obstante, sombras teimosas permanecem dificultando a claridade solar; as perspectivas de luminosidade plena ainda não se puderam tornar realidade total.

Na grande transição, há predominância do instinto humano sobre a razão, que abre espaço lentamente para a intuição.

O homem e a mulher ancestrais, com dificuldade, vêm abandonando os arcabouços nos quais se aprisionavam para, encorajados, avançar com decisão no rumo da grande luz.

Neste momento, contabilizamos glórias da Ciência, da Tecnologia, do pensamento, da Arte, da beleza, mas não podemos ignorar as devastadoras estatísticas da perversidade que se deriva dos transtornos comportamentais, da sexolatria, que resulta da alucinação do ser humano na busca pelo intérmino gozo sensual, da violência, que é um remanescer dos atavismos, ganhando campo nas imensas planícies da perturbação que grassa na Terra, combatidas tenazmente a ética, a moral, as instituições dignificadoras como o matrimônio, a família, o respeito que se deve manter umas pelas outras pessoas.

Sentimos que as criaturas humanas ainda não encontraram o ponto de realização plenificadora. Isso porque Jesus tem sido motivo de excogitações imediatistas no campeonato das projeções pessoais, na religião, na política e nos interesses mesquinhos.

Graças às claridades incomparáveis do Espiritismo, nosso Modelo e Guia assume o verdadeiro lugar que o Pai Lhe concedeu na história do planeta terrestre.

Ao Espiritismo, pois, tem cabido a tarefa de colocar Jesus no centro das aspirações humanas, em se considerando a Lei de Amor de que Ele se fez especial modelo para viger entre todas criaturas.

Madrugada é esta de desafios!

As incompreensões e as lutas fazem-se amiudadas. A resistência dos ideais de enobrecimento, porém, deve suportar a ardência dos combates férreos direcionados contra os objetivos em pauta.

Medem-se a força e a grandeza de um ideal pelas resistências que oferece, superando as batalhas que lhe são direcionadas.

É necessário preservar o Espiritismo conforme o herdamos do eminente Codificador, mantendo- lhe a claridade dos postulados, a limpidez dos seus conteúdos, não permitindo que se lhe instale adenda perniciosa, que somente irá confundir os incautos e os menos conhecedores das suas diretrizes. Não se trata aqui de estabelecer um grupo de conservadores ante o avanço de modernistas.

O Espiritismo jamais se candidatará a divisionismos nas suas fileiras. É uma Doutrina séria, porque tem a ver com o ser imortal. Não pode converter-se num clube de divertimentos em nome da alegria, do espairecimento e das necessidades de entretenimentos. A Boa-Nova ou notícias de alegria produz júbilo interno e não algazarra exterior. Por isso mesmo, no renascimento do Evangelho, ínsito na Codificação, não é lícito que nos transformemos em pessoas insensatas no trato com as questões espirituais. Preservar, portanto, a pulcritude e a seriedade da Doutrina no Movimento Espírita é dever que nos compete e, particularmente, ao Conselho Federativo Nacional por meio das Entidades Federadas.

Jamais o Espiritismo servirá para os prazeres egoicos, as conversações chulas e o preenchimento dos espaços vazios entre mentes ociosas de pessoas frívolas.

Por isso mesmo, a mediunidade deve ser exercida *santamente*, *cristãmente*, com responsabilidade e critérios de elevação para não se transformar em instrumento de perturbação e desídia. *Vós sois a luz do mundo!* — propõe o Evangelho novo, porquanto a Grande Luz é o Mestre, que deveremos insculpir no mundo íntimo, para que brilhe por intermédio de nós. Não revidar ofensas, manter a consciência do dever acima de quaisquer conjunturas, perseverar quando outros abandonam ou são vítimas de defecções, porfiar no bem comum e viver a caridade sob todos os aspectos possíveis, dominados pelo amor que deflui do incomparável Amigo e Benfeitor, são as diretrizes de ontem e de hoje. Mantende o espírito de paz, preservando os objetivos abraçados e, caso seja necessário selar vosso compromisso com testemunho, não titubeeis.

Cristo ou Mamon? É fácil eleger Aquele que deu a Sua pela nossa vida, ensinando-nos mansuetude, retidão e paz. Meus filhos, é necessário que os atos confirmem as palavras e que o Espírito do Cristo, habitando em nós, seja a nossa resposta aos desafios do momento, trabalhando em favor do meio-dia da madrugada que começa.

Muita paz! Que o Senhor nos abençoe! São os votos do servidor humílimo e paternal de sempre,

BEZERRA

(Mensagem psicofônica recebida pelo médium Divaldo Pereira Franco, em 9 de novembro de 2003, no encerramento da Reunião do Conselho Federativo Nacional, na sede da Federação Espírita Brasileira, em Brasília-DF).

3.37
Compromisso com a fé espírita

Meus filhos, que Jesus nos abençoe!

Vivemos nos dias tormentosos anunciados pelas Escrituras. Experimentamos as glórias da Ciência e da Tecnologia, do pensamento e da Arte. No entanto, caminhamos pela senda de espinhos que assinalam sofrimentos, reduzindo a criatura humana à violência, ao despautério, à loucura. Sem dúvida, as conquistas que anotamos em todo lugar, não lograram tornar a criatura humana interior mais feliz nem mais tranquila, salvadas algumas exceções. São os instantes em que nós, os cristãos-novos, estamos convocados a profundas reflexões. De todo lado, a angústia espreita, a perversidade agride e o desalinho conduz as massas. Homens e mulheres, sitiados no castelo do eu, desvairam, porque perderam contato com o amor.

O amor é a resposta da vida para o momento truanesco que atravessamos.

Vivenciá-lo na grandiosidade do pensamento cristão é um convite que a imortalidade nos faz por meio das *vozes do céu*, restaurando o pensamento de Jesus, que tem permanecido vestido de dogmas, de cerimônias e de fantasias.

Torna-se indispensável romper, de maneira positiva, com o ergástulo no qual ainda nos encontramos vitimados. Jesus é o libertador, e a Sua mensagem, quando aceita pela mente, será vivida pelo sentimento livre de toda e qualquer manifestação dogmatista e de delinquência. Projetá-la, de maneira consciente, para que a Ciência a exteriorize pelo pensamento, pela palavra lúcida e pelas ações enobrecidas, é dever que não nos cabe postergar. Nesses conflitos, que nos desafiam a capacidade de discernimento e nos provocam tomadas de decisões, às vezes apressadas, há convites para desvio da finalidade que abraçamos, do compromisso que temos para com a Doutrina dos Espíritos. Se é verdade que o espiritista não se pode marginalizar em torno dos acontecimentos que sacodem a sociedade, o planeta, não menos verdade é que, comprometido com o ideal espírita, possui, nos conteúdos doutrinários, os instrumentos hábeis para mudar a situação que vivemos, por intermédio da educação das gerações novas, da autoeducação, mediante a transformação moral que se deve impor e também dos esclarecimentos que, libertando a criatura humana das suas paixões primitivas, tornam-na capaz de mudar as estruturas perturbadoras da sociedade.

É necessário que tenhamos muito cuidado para não nos desviarmos dos objetivos essenciais da Doutrina, que se coloca acima das questões inquietadoras deste momento.

Viver espiritualmente é trabalhar sem desfalecimento pela construção de uma era nova, que deve começar no próprio indivíduo, na sua transformação interior.

Adversários de ontem, que ressumam em forma de atavismos cruéis, e as ações de hoje, que nos convocam ao prazer com o desalinho do nosso comportamento, constituem perigos muito graves. Aprendemos com Jesus, que muitas vezes é necessário perder em determinado momento para poder estar em paz a partir daí e de triunfar na glória desenhada pela verdade. A nossa preocupação de mudar o mundo não pode abandonar o compromisso da nossa mudança interior. O nosso compromisso com a fé espírita é de urgência e todos os esforços devem ser envidados para conseguirmos essa meta.

Não nos enganemos, evitando enganarmos aos outros. Jesus é o nosso líder insuperável, e Allan Kardec tem-Lhe sido discípulo de escol, que nos pôde trazer a Sua palavra vestida de luz para clarear os caminhos do futuro.

Terceira parte

Outros Apóstolos que lhes foram fiéis desincumbiram-se a contento do ministério abraçado, porque não negacearam, não negligenciaram com o dever, não se permitiram abraçar as propostas fascinantes que se constituem desvios dos objetivos essenciais, a fim de receber o aplauso do mundo e permanecer no pódio das considerações terrestres.

Nunca nos esqueçamos de que o Mestre recebeu como tributo de gratidão da massa beneficiada a cruz de ignomínia que transformou em asas de luz.

Não fazemos apologia ao masoquismo perturbador nem estabelecemos como fundamental o sofrimento, nada obstante, nele reconheçamos o melhor amigo do Espírito em processo de autoburilamento.

Sucede que a nossa proposta, pelas suas características de transformar a Terra, fere interesses individuais e coletivos, agride sistemas e organizações ultramontanos que têm permanecido na condição de dirigentes dos povos. E é natural que as reações individuais e coletivas se façam de imediato, assustando-nos ou intimidando-nos.

Não temamos nunca aqueles que nada nos podem fazer ao Espírito, embora momentaneamente cerceiem-nos os passos e gerem dificuldades para a execução dos nossos programas iluminativos. Evitemos compactuar com as suas propostas muito bem estabelecidas na forma, guardando a animosidade contra os objetivos que abraçamos.

O apoio de personalidades proeminentes e de organizações poderosas agrada-nos muito, mas não esqueçamos que o nosso trabalho--desafio é de demolir aquilo que se encontra ultrapassado, destruir as ideias esclerosadas, substituindo-as pelas novas que vieram do Mais--Além e receberam a contribuição lúcida de homens e mulheres que se reencarnaram sob a égide do Espírito de Verdade, para que o Paracleto pudesse expandir a palavra de Jesus de polo a polo.

Em nossas reuniões verdadeiramente cristãs, nas quais podemos expender as nossas ideias, apresentar os nossos pensamentos, discordar, mas não derrapar nas discrepâncias que nos afastem uns dos outros, gerando animosidades, mantenhamos o nosso objetivo que é servir a Jesus, sem outro e qualquer interesse.

Trabalhemos, então, unificados, amando-nos cada vez mais, para lograrmos alcançar o momento de plenitude com que o Amigo incomparável de todos nós nos acena desde agora.

Permanecei fiéis, obreiros da última hora, que está assinalada pelas glórias e conquistas, pelas dores e hecatombes, construindo o Reino de Deus na grande transição que aguarda o mundo de regeneração.

Muita paz, meus filhos.

Que o Senhor nos abençoe, são os votos do companheiro amigo e paternal de sempre,

BEZERRA

(Mensagem psicofônica recebida pelo médium Divaldo Pereira Franco, no encerramento da Reunião do Conselho Federativo Nacional, na sede da Federação Espírita Brasileira, em Brasília-DF, no dia 10 de novembro de 2002).

3.38
Fidelidade a Jesus e a Kardec

Estes são dias semelhantes àqueles, quando esteve na Terra, desenvolvendo o seu ministério, o afável mestre Galileu.

Roma assenhoreava-se do mundo e a águia dominadora sobrevoava o cadáver das nações vencidas, nutrindo-se das suas vísceras em decomposição.

Vem Jesus e instaura o poder do amor, superando as contingências transitórias do poder da força. A Sua mensagem penetra o sentimento humano e arrebanha milhões de vidas, que se oferecem em holocausto, desde Nero a Diocleciano, durante as dez mais perversas perseguições, demonstrando que o amor supera todas as outras expressões de governança do mundo.

A partir de Constantino, com a oficialização do pensamento cristão junto ao poder temporal que, mais tarde, seria transformada em doutrina do Estado, a mensagem de Jesus empalidece, perdendo o seu brilho e significado para entorpecer-se numa trágica organização político-econômica, que distenderá o caos e o infortúnio sobre a Terra por vários séculos.

A partir do concílio de Clermont, em 1095, o papa Urbano II, intoxicado pela volúpia do poder, pretende a governança do Oriente e proclama a Cruzada Popular, logo depois esmagada em um rio de sangue.

De imediato, tocados no seu orgulho e espicaçados pelo ódio, os turcos conquistam Jerusalém, em 1096, provocando na Europa a reação que se alargará por cento e setenta e sete anos, pelas oito Cruzadas que disseminarão o ódio, o horror, deixando sequelas que chegaram aos nossos dias, em vitórias e prejuízos para a defesa da sepultura vazia de Jesus. Deverão essas Cruzadas encerrar-se com a conquista de Antioquia, em

1270, provocando a reação da Europa que manda a sua última expedição sob o comando de São Luís, rei da França, que logo depois desencarna no campo de batalha, fazendo com que os exércitos franceses retornem esgotados, abrindo espaço para que o príncipe Eduardo, da Inglaterra, em 1272, firme o término da intolerância de ambos os lados, estabelecendo um armistício.

A *noite medieval* abre novos fronts de lutas cruéis e injustificáveis, em nome do Pastor da docilidade, da energia e do amor, por meio de seus tribunais que matam mais do que as guerras anteriormente travadas entre persas e gregos. Até que veio o momento da abnegação com Jan Hus, Jerônimo de Praga, Martinho Lutero, e uma nova era se instaura na Terra, em tentativas continuadas de trazer Jesus, definitivamente, ao coração humano... E o Protestantismo, logo depois, experimenta lutas intestinas, a partir de João Calvino, desintegrando-se e deixando a criatura humana sem segurança para rumar ao Reino dos Céus.

A ciência empírica ensaia os seus passos, as Leis da Natureza começam a ser penetradas e, logo depois, o pensamento filosófico irrompe triunfante, deixando-se perturbar pela sede de sangue dos abomináveis *dias do Terror* na França. Amante dos ideais da Liberdade, da Igualdade, da Fraternidade, sendo coagido por esses tormentosos dias, com a chegada do Corso, que propõe uma nova era e traz Deus de volta à cultura francesa, mediante uma concordata firmada com o Vaticano, em 1802. Fascinado pelo poder temporal, Napoleão Bonaparte começa a conquistar a Europa, no desequilíbrio de erguer novos Estados, quando se reencarna Allan Kardec, com a missão de restaurar, na sua plenitude, o Evangelho de Jesus e trazer a mensagem pulcra conforme pregada em vida pelo incomparável Rabi e pelos Seus primeiros Apóstolos.

Paris é cidade luz, intelectual, e será aí que o sol do Espiritismo irá brilhar, restaurando a ética moral do Evangelho e suportando os camartelos da Ciência autodenominada materialista, da Filosofia cínica e pessimista, conseguindo superá-los e abrindo espaço para que o amor pudesse vicejar no coração das criaturas humanas. O século XX, porém, pertencerá à Ciência e à Tecnologia.

Nele, o Espiritismo poderá oferecer os instrumentos hábeis para confirmar a sobrevivência do Espírito à disjunção molecular da carne, para oferecer uma filosofia otimista capaz de tornar feliz a criatura humana, centrada na Lei de Causa e Efeito e, ao mesmo tempo, abrir o Evangelho para cantar a sinfonia incomum das bem-aventuranças, ensejando, aos excluídos, a luz mirífica do amor e a oportunidade da dignificação.

Mas o planeta terrestre é de provas e de expiações, porque aqueles que à sua volta se encontram ou que nele estão reencarnados, ainda são Espíritos inferiores, inevitavelmente conduzidos pela lei do progresso, e rumando na direção da plenitude, erguendo a nossa Terra-mãe à condição de mundo de regeneração. E quando as expectativas se apresentam próprias para que se opere a grande transformação, ocorre a chegada de um novo caos, o que não nos constitui surpresa, fazendo desmoronar alguns pilares do materialismo e mostrando a fragilidade das construções temporais sem o selo da Divindade.

A grande crise que se abate sobre a Terra de hoje é a mesma crise que dominava a mentalidade daqueles dias quando Jesus cantou a Boa-Nova. É crise de valores morais que somente pode ser modificada quando o Evangelho aquecer os sentimentos e orientar o pensamento das criaturas humanas. Graças ao Espiritismo, que é o retorno de Jesus, desenha-se uma Era Nova que se levantará dos escombros dessa geração cúpida e ambiciosa para fazer reinar na Terra a verdadeira fraternidade.

Nestes dias, discutistes em torno dos mecanismos que podem ser aplicados em favor da coletividade sofrida; elaborastes projetos de programas de ação que possam sensibilizar as autoridades que governam o nosso país; estivestes preocupados com a marcha do Movimento Espírita nas terras do cruzeiro do sul; delineastes técnicas e atividades para a ação correta em favor dos dias porvindouros.

Não nos esqueçamos, porém, desse trabalho extraordinário junto à criatura humana em si mesma. Pensemos no ser coletivo que é a sociedade, mas não olvidemos os pequenos gestos de amor, de beneficência, de perdão, de caridade para com aqueles que vivem conosco na intimidade do nosso lar, aqueles com quem nos relacionamos no trabalho que dá dignidade, no grupo social, onde todos cá e aí estejamos situados para evoluir.

Que nos vossos trabalhos respeitáveis e laborados com empenho e abnegação, o ser humano em si tenha regime de urgência; que nos voltemos todos para a criatura humana, insegura, aturdida, que segue sem qualquer segurança e sem o norte para onde encaminhar-se.

Meus filhos, necessitamos voltar a Jesus, não nos esqueçamos, em momento algum, de que a adesão à proposta espírita é compromisso de autoiluminação.

Não estranhemos as provas, não relacionemos as dificuldades, não reclamemos a chuva de calhaus ou os espículos do solo que nos ferem os pés. Sem qualquer masoquismo, aquele que elege Jesus compreende que é no sacrifício, filho dileto do amor, que encontrará a sua plenitude. Não temos outro roteiro a seguir senão aquele que foi percorrido pelo incomparável Benfeitor de todos nós. Uni-vos cada vez mais. Que as vossas discussões permaneçam no campo ideológico, respeitando-vos uns aos outros, mesmo quando litigantes, e aceitando o resultado da opinião majoritária.

Fidelidade a Jesus e a Allan Kardec é a proposta de sempre nestes cento e quarenta e quatro anos de divulgação da abençoada Doutrina Espírita. Fiéis aos postulados da Codificação, demos direito aos outros de se movimentarem nos níveis de consciência em que se encontram sem nos perturbarmos com qualquer expressão aguerrida de combate ou de destruição.

O Senhor não deseja a morte do pecador, mas o desaparecimento do pecado.

Vós — como nós outros —, que amais a Jesus, esculpi-O em vosso Espírito, avançando com segurança para os dias de amanhã e aprendendo com as experiências do cotidiano e a não repetir equívocos e, quando esses ocorram, a vos levantardes seguindo confiantes, porque se o hoje é o nosso dia, amanhã é o momento da nossa paz.

Na grande crise moral que se apresenta com as terríveis consequências da hecatombe momentânea e de outras que por certo virão, sede vós aqueles que permanecereis em paz, amando a todos, a todos ajudando e tornando-vos, hoje melhor do que ontem, amanhã melhor do que hoje, em luta contínua contra as más inclinações.

Os companheiros Espíritos-espíritas que mourejaram nesta Casa e outros que vos acompanharam de vossas cidades, aqui estão conosco repetindo como nos dias gloriosos do martirológio:

— Ave, Cristo! Aqueles que aqui desejamos servir-Te, oferecemos as nossas vidas e o nosso amor.

Muita Paz, meus filhos, que o Senhor nos prodigalize bênçãos, são os votos do servidor humílimo e paternal, de sempre.

Muita Paz!

BEZERRA

(Mensagem psicofônica recebida pelo médium Divaldo Pereira Franco, no encerramento da Reunião Ordinária do Conselho Federativo Nacional, na Sede da Federação Espírita Brasileira, no dia 11 de novembro de 2001, em Brasília-DF).

3.39
O *mediodia* da Nova Era

Meus filhos, que o Senhor nos abençoe.

Naquele 18 de abril de 1857, com *O livro dos espíritos,* raiou a madrugada de uma Era Nova.

Nuvens borrascosas acumulavam-se nos céus da cultura humana, tentando impedir que as claridades libertadoras do conhecimento chegassem às consciências humanas.

Cento e cinquenta anos depois, no entanto, *O livro dos espíritos* transforma-se em pujante claridade, sinalizando o meio-dia dessa Era Nova.

No momento da grande transição pelo qual passa o planeta terrestre, marchando para o mundo de regeneração, a palavra de Jesus restaurada pelos Espíritos imortais alcança as mentes e os corações, inaugurando o período da legítima fraternidade entre as criaturas.

Ainda não foi logrado o grande mister de alcançar os objetivos a que se destina essa obra incomparável. Nada obstante, já se pode afirmar que logrou produzir benefícios que se não esperavam naquela manhã ainda assinalada pelas últimas mensagens da invernia, quando a primavera perfumava Paris...

A luta prossegue sem quartel, convidando os discípulos fiéis do Mestre incomparável à vigilância, à ação, ao devotamento integral, à causa da verdade.

O insigne Codificador estabeleceu períodos vários pelos quais passaria o pensamento espírita. Eis-nos, pois, alcançando o período da renovação social, quando o pensamento espírita interferirá na elaboração de leis justas para a sociedade equânime e feliz, quando a voz da mensagem dos Espíritos se erguerá para profligar contra os hediondos crimes que a sociedade invigilante tenta legalizar: o aborto horrendo, a eutanásia infeliz, a pena de morte destruidora de esperança...

Os Espíritos, que continuamos ativos além da morte, sabemos que essas não são as soluções ideais, porque somente o amor, por meio da educação, da educação moral, conseguirá deter a onda de loucura que toma conta da Terra...

Não será pela coerção e pelas medidas punitivas que se poderão estabelecer as diretrizes para uma sociedade harmônica pautada no dever.

O crime, mesmo quando tornado legal, permanece imoral, clamando por misericórdia e por justiça...

Erguei as vossas vozes, agi de consciência profundamente vinculada à imortalidade da alma, laborando para que essas leis injustas não se estabeleçam na Pátria do Evangelho. Mas, se por acaso vierem a ser promulgadas, que o futuro encarregue-se de diluí-las e estabeleça o verdadeiro direito à vida, o respeito pela vida.

A programação que estabelecestes para este quinquênio é bem significativa, porque verteu do Alto, onde se encontrava elaborada, e vós vestiste-a com as considerações hábeis e aplicáveis a esta atualidade.

Este é o grande momento, filhos da alma.

Não tergiverseis, deixando-vos seduzir pelo canto das sereias da ilusão. Fidelidade à doutrina é o que se nos impõe, celebrando os cento e cinquenta anos da obra básica da Codificação Espírita.

Não permitais que adições esdrúxulas sejam colocadas em forma de apêndices que desviem os menos esclarecidos dos objetivos essenciais da doutrina.

Kardec é o embaixador dos céus, até este momento o insuperável discípulo do Mestre de todos nós, que soube doar a vida olvidando-se de si mesmo para que a Doutrina Espírita fosse apresentada incorruptível e alcançasse este período sem sofrer qualquer mutilação por parte do conhecimento científico ou das grandes conquistas da tecnologia.

Terceira parte

No aspecto religioso, especialmente, oferece-nos, na evocação do Mestre de Nazaré, que traz para as ruas das aldeias, das cidades, das metrópoles e das megalópoles o amor como o fez naqueles recuados dias da Galileia e de Jerusalém, a fim de poder caminhar com todos e conduzi-los não mais ao Calvário, e sim, à gloriosa ressurreição...

Sede fiéis, permanecendo profundamente vinculados ao espírito do Espiritismo como o recebestes dos imortais, por intermédio do preclaro Codificador.

Suplicando ao Mestre que nos abençoe sempre, em nome dos companheiros, hoje, Espíritos-espíritas que participam deste e participarão dos próximos ágapes, abraça-vos, paternalmente, o servidor humílimo de sempre,

BEZERRA

(Mensagem psicofônica recebida pelo médium Divaldo Pereira Franco, ao final da Reunião do Conselho Federativo Nacional da Federação Espírita Brasileira, no dia 12 de abril de 2007, em Brasília-DF).

3.40
Era nova de unificação e decisão

Meus filhos, que o Senhor nos abençoe! Eia, avante! São as palavras que vêm repercutindo através dos séculos num convite vigoroso ao prosseguimento da luta redentora. Estes são dias semelhantes àqueles quando o divino Pastor veio reunir as ovelhas tresmalhadas de Israel com os gentios, proclamando o momento de unificação de raças e de etnias, de crenças e de religiões, de situações socioeconômicas diferentes sob o seu sublime cajado. Também hoje, guardadas as proporções que nos identificam em relação às conquistas da Sociologia, da Ciência, no aspecto da investigação, da Tecnologia, das doutrinas psicológicas, é necessário que permaneçamos fiéis ao convite do Mestre, sem estacionar ou jamais retroceder. Momento pelo qual vínhamos esperando, agora surge como sol abençoado na noite para aquecer os corações enregelados no materialismo e conduzir os Espíritos combalidos na luta de alta significação e de graves perigos para a divulgação da Doutrina. Por isso, impõe-se-nos a todos a fidelidade aos postulados que constituem o edifício da Doutrina Espírita, fora dos quais poderemos ter uma bela filosofia de comportamento, uma ética-moral saudável e um campo experimental precioso, mas sem a presença de Jesus, que é o amor, que é a caridade e que é a esperança de libertação de todos nós. Porfiai na defesa dos nossos direitos de semeação do Evangelho, conforme a revelação dos imortais. Trabalhai ao lado dos gestores terrestres, contribuindo para o seu discernimento das verdades transcendentais, sem o medo da presunção que assalta alguns e do poder temerário de que se investem outros de natureza fanática na sua crença religiosa, negando às demais o mesmo direito de cidadania...

No mundo de convulsões da hodiernidade não há lugar para a timidez, para o temor, para a ausência de decisões. Todo espaço que os bons espíritas deixarem vago será preenchido pelos atrevidos que tomam a espada da luta para denegrir, para ceifar vidas e ideais.

É necessário, portanto, que a cruz do sacrifício substitua a espada devastadora, e que, imortalizando-nos nas traves da dedicação, possamos deixar abertas as clareiras para as gerações novas que instalarão na Terra o Reino de Deus.

Acompanhamos, meus filhos, os estudos e debates destes dias e congratulamo-nos convosco por bem apreenderdes o significado da Unificação como um feixe de varas, cuja força é a união e cuja grandeza é a abnegação. Prossegui, portanto, vigilantes, prudentes sim, generosos também, mas, sobretudo, valorosos, na preservação da Mensagem que herdastes do ínclito Codificador Allan Kardec e dos missionários que o assessoraram e prosseguem desdobrando-lhe os conteúdos procedentes dos céus.

É hora de combate, do bom combate da luz clareando a treva, do amor diluindo as animosidades, do perdão pondo-se acima das injunções perturbadoras do ressentimento e do desejo de desforço... Mantende-vos fiéis a Jesus, e Ele, como sempre, providenciará o apoio que nos não nega nunca e a companhia de que tanto necessitamos para mantermos o espírito de fidelidade.

Estai atentos ao escalracho moral dos dissídios, da maledicência, da injúria, que são assacados contra a vossa conduta. Não vos permitais o desânimo! Quando, na busca e propaganda de um ideal, se apela para o ultraje, a ofensa, significa essa conduta que a falta de nobreza idealística foi substituída pelo egoísmo devastador e pela presunção dominadora. Sede simples, mas não ingênuos, a ponto de vos deixardes dominar, sucumbindo sob a astúcia dos maus. Jesus confia no vosso, no esforço de todos nós, conjugados os dois planos da vida, cantando hosanas à Imortalidade! Voltai aos vossos lares ricos de luz e deixai que a claridade luminífera do Evangelho, exteriorizando-se dos vossos sentimentos, domine as casas que dirigis, tornando-as estrelas na grande noite do mundo em transformação.

A Eurásia, cansada de guerras e de poder, estertora... As profecias tornam-se realidade, convidando-nos a aprender com a História da Humanidade a não repetir os erros em que caímos no passado... Era Nova esta, meus filhos! Exultai e amai! Cantai o Evangelho de Jesus aos ouvidos, moucos que sejam, mas que se impregnarão da sinfonia inolvidável das bem-aventuranças, desde os que transitam nas classes mais sofridas, que são considerados os excluídos da sociedade, até aqueles que administram os destinos dos povos... Em um só abraço — como fez Jesus, que recebeu a equivocada de Magdala e o príncipe do Sinédrio, concedendo a ambos a mesma oportunidade —, fazei que todos os segmentos sociais recebam dos vossos sentimentos enobrecidos o mesmo carinho, sem distinção de poder ou de miséria, porque o amor deve ser o mesmo para todos que têm sede de paz e fome de justiça.

Recordemos Jesus: "Eis que vos mando como ovelhas mansas ao meio de lobos rapaces..." (*Mateus*, 10:16).

Não para que sejamos devorados, mas para que, à semelhança do Santo de Assis, dulcifiquemos os lobos e que, no córrego do Evangelho sublime, ovelhas e lobos bebam da mesma linfa de paz...

Que o Senhor de bênçãos nos abençoe e os Espíritos-espíritas que aqui estão conosco, pedindo-nos para que traduzamos as suas emoções, nos acompanhem sempre e sempre no rumo da Imortalidade.

Muita paz, meus filhos, são os votos do companheiro paternal de sempre.

Bezerra

(Mensagem psicofônica recebida pelo médium Divaldo Pereira Franco, no encerramento da Reunião Ordinária do Conselho Federativo Nacional, em Brasília, DF, em 13 de novembro de 2011).

3.41
Novas conquistas aproximam a Ciência da Religião

Meus filhos! Que Jesus nos abençoe!

Pergunta-se, ante a grandeza dos postulados exarados no Evangelho de Jesus, se é possível vivê-los na atualidade, mantendo a pulcritude dos seus conteúdos.

Esclarece-se que os desafios contemporâneos são muito graves, e os comportamentos humanos variaram desde aquela época até este momento.

Apresenta-se a grande problemática do sofrimento coletivo nos transtornos pandêmicos, que sacodem o planeta por meio das criaturas a se debaterem em aflições inenarráveis.

Demonstra-se que a ironia e a perversão dos valores éticos-morais, com a eleição do erotismo ao posto mais representativo das aspirações imediatas, constituem impedimento à vivência das palavras sublimes de Jesus.

Cada época, no entanto, caracteriza-se pelas suas próprias dificuldades e celebriza-se pelas conquistas incomparáveis de natureza intelecto-moral.

Não seja de surpreender que a Ciência, através de homens notáveis e de mulheres extraordinárias, vem realizando a sua parte missionária, oferecendo ao ser humano melhores condições de vida, longevidade, conforto para alguns e perspectivas de melhores dias para todos.

Do ponto de vista filosófico, recordamo-nos que no século XVII grandes filósofos e cientistas, desejando ampliar os horizontes do conhecimento e libertar a Ciência das garras totalitárias das religiões ortodoxas, optaram pela restauração do atomismo grego, abrindo o grande abismo entre Ciência e religião.

Nos séculos que sucederam àquele período, a Ciência pôde, enfim, penetrar nos laboratórios, entender a psique humana, interpretar vários enigmas do Universo nas macro e micropartículas, desenhando extraordinários contributos para o progresso e para a sociedade.

Graças ao Espiritismo, na sua feição de ciência experimental, foi possível lançar a primeira ponte sobre o abismo, demonstrando que o resultado máximo da investigação científica é o encontro com a verdade relativa pela linguagem dos fatos e, ao constatar-se a imortalidade da alma, ao confirmar-se a reencarnação nos laboratórios da mediunidade, foi inevitável a aceitação de Deus como causa do Universo.

E, aberto este novo paradigma, a evolução da física quântica chega, na atualidade, a detectar o bóson como assinatura de Deus, enquanto a decodificação do genoma humano propõe a fórmula para se descobrir como Deus gerou a vida.

E, a cada dia, novas conquistas aproximam a Ciência da religião. Porém, a Religião baseada nos fatos, com uma filosofia otimista e uma psicoterapia libertadora da ignorância, essa geratriz dos males que afligem a criatura humana.

Vivemos o momento histórico da grande transição, quando se abraçarão a Ciência e a Religião, conduzindo as mentes humanas a Deus e, por consequência, ao amor, ampliando os horizontes da solidariedade para que todas as vidas constituam o ideal proposto por Jesus: o rebanho único e o seu Pastor.

Vivemos um momento decisivo para se demonstrar que é possível, sim, viver o Evangelho conforme os apóstolos de Jesus exemplificaram.

Certamente, mudaram as circunstâncias, e as exigências do progresso são diferentes, mas os testemunhos que comovem e edificam, que fazem a verdadeira divulgação do Bem, prosseguem assinalando as vidas fiéis ao incomparável Rabi galileu.

Fostes convidados a contribuir neste momento glorioso com o conhecimento que liberta e o amor que edifica.

Terceira parte

Não seja de estranhar que, muitas vezes, sentireis na alma o aguilhão do testemunho, disfarçado com aspectos diferenciados, mas convidando-vos à confirmação de que sois discípulos do Rabi galileu que ainda não encontrou no mundo a aceitação que merece.

O Espiritismo, meus filhos, é o próprio pensamento de Jesus retornando ao mundo, que o abandonou, com o fim de poder construir a Era Regeneradora para todas as criaturas.

Sede fiéis! Sem qualquer proposta masoquista, pagai o tributo pela honra e a glória de conhecer Jesus.

O holocausto hoje é silencioso, discreto e passa despercebido da multidão galhofeira, dos espetáculos circenses e dos quinze minutos tradicionais dos holofotes da ilusão.

Assinalados pela mansidão do Cordeiro de Deus, avançai, espargindo luz e felizes pela oportunidade autorredentora, pela conquista da autoconsciência e pela alegria da certeza imortalista.

Nestes dias, estabelecestes programas para a vivência do Evangelho dentro dos novos paradigmas da sociedade, não esquecendo nunca que o amor — do qual se origina o perdão, nasce a compaixão e estua a caridade é a vossa condecoração para que a imolação no Bem seja o momento culminante das vossas vidas entregues a Jesus.

Os Espíritos-espíritas, que comungam convosco e aqui estivemos, congratulam-se, todos congratulamo-nos com os ideais que abraçais e com os propósitos firmados de servir, sempre e mais, diminuindo-vos para que o Mestre cresça em vossas, em nossas, na vida de todos.

Muita paz, meus filhos!

São os votos do servidor humílimo e paternal de sempre,

BEZERRA

(Mensagem psicofônica recebida pelo médium Divaldo Pereira Franco, no encerramento da Reunião Ordinária do Conselho Federativo Nacional, em Brasília, DF, na manhã de domingo, em 11 de novembro de 2012. Revisão do autor espiritual).

FEB editora
Livro espírita para um novo mundo
www.febeditora.com.br
@febeditoraoficial
@febeditora

Conselho Editorial:
Carlos Roberto Campetti
Cirne Ferreira de Araújo
Evandro Noleto Bezerra
Geraldo Campetti Sobrinho – Coord. Editorial
Jorge Godinho Barreto Nery – Presidente
Maria de Lourdes Pereira de Oliveira
Miriam Lúcia Herrera Masotti Dusi

Produção Editorial:
Elizabete de Jesus Moreira

Revisão:
Elizabete de Jesus Moreira
Lígia Dib Carneiro
Paola Martins da Silva

Capa:
Ingrid Saori Furuta

Projeto gráfico e diagramação:
Luisa Jannuzzi Fonseca

Foto de capa:
www.shutterstock.com / Honza Krej

Normalização técnica:
Biblioteca de Obras Raras e Documentos Patrimoniais do Livro

EM NOME DO AMOR

Edição	Impressão	Ano	Tiragem	Formato
1	1	2012	5.000	16x23
2	1	2013	5.000	16x23
2	2	2014	1.000	16x23
2	3	2015	1.000	16x23
2	4	2016	2.000	16x23
2	5	2018	400	16x23
2	6	2020	200	16x23
2	IPT*	2022	252	15,5x23
2	IPT	2023	330	15,5x23
2	IPT	2024	200	15,5x23
2	IPT	2024	300	15,5x23

* Impressão pequenas tiragens

Esta edição foi impressa no sistema de Impressão pequenas tiragens, em formato fechado de 155x230 mm e com mancha de 115x182 mm. Os papéis utilizados foram o Off white 80 g/m² para o miolo e o Cartão 250 g/m² para a capa. O texto principal foi composto em fonte Adobe Garamond 12/16 e os títulos em Adobe Caslon Pro 16/15. Impresso no Brasil. *Presita en Brazilo.*